［改訂新版］
DV被害者支援ハンドブック
●サバイバーとともに

尾崎礼子 著
Reiko Ozaki

朱鷺書房

改訂にあたって

　本書初版の発行から，10年が経ちました。その後，日本の支援者やサバイバーの皆さんから本書が役立っていることを聴き，とても嬉しく思っています。サバイバーとともに行う支援という姿勢と，支援者が現場で使いやすいものであることを土台にした本書が，的を得ており，また必要とされていたのだと確信します。

　この10年の間に，アメリカのドメスティック・バイオレンス（DV）被害者支援の現場や研究にも様々な動きがあり，私も支援現場や研究，また議論に関わる中で，多く学ぶことがありました。その中から，特に日本での被害者支援に役立つと思われるいくつかのことを加筆しています。特に，加害者対策の効果についての最近の議論，そして女性から男性へのDVに関する議論は，近年アメリカの政策やプログラムにも反映されており，今後の動きが被害者支援活動にも影響すると思われます。初版発行時にはまだ新しい試みであった予防対策も，効果調査の結果が次々と報告されています。被害者支援に加えて，DVその他の暴力を未然に防ぐ活動は，今後，益々増えると予想されます。また，これまでの被害者支援の効果調査から学べることや，トラウマ理解に基づいた支援の在り方など，支援に直接役立つと思われることも加筆しています。さらに，この10年間に日本で何度も聞いた共依存という概念に関して懸念があり，今回の改訂で説明を加えました。新しい情報は，主に第8章に記載していますが，必要に応じて随所に挿入していますので，初版を読まれた方も，改めて全体を読まれるようお勧めします。

　言葉遣いの修正の多くは，英語から日本語への切り替えをスムーズにするためのものです。例えば，初版で「ウーマン・ディファインド・アドボカシー」と英語をカタカナ表記にしていたものを，「女性主導の支援」と意訳した表記にしました。また，「リジリエンシー (resiliency)」という北米特有の名詞形で英語発音のカタカナ表記だったものを，日本でも馴染みのある「レジリエンス (resilience)」に変更しました。こうした修正の多くも，改訂に

協力くださった方々のコメントゆえに可能となりました。

　最後に，改訂にあたってお手伝いくださった皆さんに感謝の意を表します。あぜがみゆうこさん，アナマさん，いくの学園の皆さん，丸山聖子さん，米山麻衣子さん。多忙にも関わらず，時間を工面して協力してくださったあなたたちの励ましなしに，この改訂新版発行はあり得ませんでした。急な依頼にも関わらず快く協力してだささった末原知子さんは，原稿を何度も見直し，数多くのコメントをくださいました。改訂の機会と数々のお力添えをいただいた朱鷺書房の嶝牧夫さん，遅れた改訂作業を辛抱強く待ってくださいました。この10年の間に日本で出会った大勢のサバイバーや支援者の皆さんから学ばせていただいたことも，この改訂に活きていると信じます。また，初版を読んで感想を下さったサバイバーの方からのご意見は，サバイバーとともに行う支援を提案する本書にとって，大変貴重でした。

　初版の「はじめに」と「おわりに」は，本書の初心を記す大切な一部として，そのまま残しています。この本を書くきっかけとなったアメリカと日本の支援者の熱い思いが，10年たった今も伝わることを願います。

2014年12月
米国オハイオ州シンシナティ市にて

はじめに

　ドメスティック・バイオレンス（以下略してDV）というのは非常に複雑な問題です。私が15年近く住みなれたアメリカの地では，1970年代からDVに対する本格的な取り組みが始まっていますが，今でも社会全般において，DVの正確な理解が欠如していることをひしひしと感じさせられます。この社会全般の中には，新聞やテレビなどのメディア，近所での会話から，日々DVを目の当たりにする警察，裁判所，病院，子ども保護機関などが含まれます。

　では，DV被害者のための支援団体ではどうでしょうか？　女性だから，DV被害経験者だから，DVシェルターのスタッフだからといって，必ずしもDVを正確に理解し，サバイバーを傷つけずに支援できるとは限りません。また，シェルターなどの運営方法そのものに問題がある場合すらあります。

　現在のアメリカにおけるシェルターなどの被害者支援団体は，元来DVの被害を受けてきた女性たちと，彼女らを支援する女性たちによって作られてきました。草の根で活動する中で試行錯誤と様々な取り組みがあり，この30年ほどの間に大きな変化・成長を遂げています。この過程で繰り返される成功と失敗から多くのことが学ばれました。これらのことを新しくDV運動に参加してくる支援者たちと分かち合う責任が，すでにこの働きに携わっている活動家たちにあると思います。しかしながら，厳しい経済・社会状況の下でシェルターなどの運営をしながら包括的な新人研修を続けていくのは，並大抵のことではありません。したがってアメリカでは，各州に連邦政府からの資金を受けて置かれているDV連合が，通常この責任の一部を負うことになります。

　現在私がトレーニング＆技術支援スペシャリストとして籍を置くオハイオ・ドメスティック・バイオレンス・ネットワーク（Ohio Domestic Violence Network，以下ODVN）では，州内のDVシェルターなど支援団体のディレクターたちのリクエストを汲んで，2002年に3日間にわたる新人

研修カリキュラムを作成，遂行しました。参加者たちからの評価も高く，またディレクターたちからも大きな支持を受け，このトレーニングは，改善を重ねつつ毎年続いています。

　日本でも 2001 年に「配偶者からの暴力の防止及び被害者の保護に関する法律」（以下，DV 法）が制定され，ドメスティック・バイオレンス，DV，という言葉が一般に浸透するようになり，私も日本で活動されている方たちとお話しさせていただくことが増えました。このような機会を通して，私が「女の子」として社会の期待通りに育てられていたときにも，働く女性として社会に一人で反発していたときにも，日本ですでに DV 運動をしていた女性たちがたくさんおられたことを知りました。また，新たにこの運動に加わってきた大勢の方々にもお会いしました。アメリカの DV 運動の中でこれまで活動してきた私に今課せられている責任は，これらの日本の活動家たちと手を取り合いつつ，私がアメリカで学んできたことを分かち合うことだと信じています。

　もともと私がアメリカに渡ったのは，日本での女性としての生き難さから解放されたいがためでした。女性社員が「女の子」と呼ばれ，忙しい仕事の合間にお茶汲みをすることは当然で，電話に出れば「誰か男の人いてる？」と言われ，どんなに仕事をしても昇進の可能性を垣間見ることもできず，20 代後半，ましてや 30 代で結婚していないと冷ややかな目で見られる—。健康を害してまで仕事をしていた自分は，どうも「使い捨て」のように思われてなりませんでした。アメリカで英語を学んで通訳として技術をつければ，性別に関係なく技術で評価してもらえる，と辞職し，渡米したのです。通訳をするにしても英語ができるだけでなく専門分野が必要，ということで大学で何らかの専門知識を得ることにしました。結局，その専門分野として選んだのがソーシャル・ワーク（社会福祉）でしたが，ソーシャル・ワークの中でも最終的には女性に対する暴力に関する活動が，私のライフ・ワークになったわけです。

　私が日本の皆さんと分かち合いたい，アメリカで学んできたこと，とい

うのはこの 10 年ほどの間に私が携わってきたオハイオ州での働きに基づいています。まず一番最初に DV 運動に関わったのは，アジア系移民・難民を対象にした DV 啓発活動でした。これは小さな草の根のアジア系の団体から始められたもので，州政府からの資金を元に，ディレクターと二人で机と電話一つのオフィスから始めました。また，大手の社会福祉団体のカウンセリング部門で一般のカウンセリング（DV 被害者も含む）と加害者のグループを担当し，暴力に影響を受けた子どものためのプログラムのコーディネーターでもありました。この後 ODVN に採用され，オハイオ州の加害者プログラム関係の技術支援，DV シェルタースタッフのトレーニングなどに 2001 年より携わっています。現在も，加害者のグループと一般のカウンセリングは，ODVN の仕事の傍ら続けています。

　本書は日本で DV サバイバーを支援したい，どうすれば彼女たちを本当に支援できるのだろうか，という熱い思いを持っておられる方たちのために書きました。2004 年の時点で，アメリカで入手可能な DV に関する最新の情報を盛り込んでいます。本書を手に取っているあなたと同じように，アメリカでサバイバーの視点に立った支援方法を模索してきた活動家たちの知恵と経験に基づいて書かれた本です。この本が，サバイバーとともに歩みつつ支援するための助けとなるよう祈ります。

2004 年
米国オハイオ州コロンバス市にて

― 目次 ―

　　改訂にあたって　3
　　はじめに　5
　　本書における言葉遣い　12

第1章　ドメスティック・バイオレンスという社会問題
　　ドメスティック・バイオレンスの定義……………………………………15
　　バタード・ウィメンズ・ムーブメント……………………………………17
　　　　アメリカの歴史とバタード・ウィメンズ・ムーブメント　17
　　　　アメリカの動き，日本の動き　21
　　フェミニストの視点から見たドメスティック・バイオレンス…………21
　　社会的抑圧とドメスティック・バイオレンス……………………………23
　　　　社会的抑圧と内的抑圧　25

第2章　ドメスティック・バイオレスのからくり
　　パワー＆コントロール……………………………………………………27
　　心理的虐待：威圧・強制に使われる手段…………………………………34
　　暴力のサイクル論…………………………………………………………37
　　　　暴力のサイクル：オリジナル版の問題点　38
　　　　暴力のサイクル：改訂版　39
　　なぜ男たちは妻や恋人に暴力を振るうのか？……………………………42

第3章　ドメスティック・バイオレンスの影響
　　トラウマについて…………………………………………………………49
　　　　DVサバイバーのトラウマ反応　51
　　　　PTSD：心的外傷後ストレス障害　53
　　　　トラウマ経験者を支援するために　56

ドメスティック・バイオレンスと子どもたち……………………………59
　　　　ドメスティック・バイオレンスに対する子どもの反応　62
　　　　子どもたちを支援するために　64
　　なぜ逃げないのか：バリア・モデル…………………………………………67

第4章　被害者支援の働き

　　被害者支援とアドボカシー…………………………………………………71
　　　　個人に対する支援　72
　　　　組織や社会の改善を通した支援（システム・アドボカシー）　73
　　　　エンパワメントと支援　76
　　　　女性主導の支援とサービス主導の支援　78
　　被害者支援倫理………………………………………………………………80
　　　　守秘義務　81
　　　　守秘義務の例外：通報義務　84
　　　　守秘義務の例外：警告義務　86
　　　　境界線　89
　　二次加害………………………………………………………………………93

第5章　支援者に必要な技法

　　コミュニケーション…………………………………………………………95
　　　　傾聴　95
　　　　役に立つフレーズ　97
　　　　コミュニケーションのNG!　98
　　危機介入………………………………………………………………………100
　　　　危機介入の7つのステージ　101
　　　　様々な感情に対応する　103
　　　　うつや自殺について　106
　　電話相談………………………………………………………………………110

  電話相談に必要な技法　111

第6章　サバイバーの安全確保

 サバイバーが経験する危害…………………………………………………115
  バタラーによる危害　115
  生活全般の問題による危害　119
 危険度チェック………………………………………………………………123
  危険要素1: 重度の傷害・殺人に至る可能性　124
  危険要素2: バタラーの精神状態　125
  危険要素3: バタラーの考え方　125
  危険要素4: バタラーの歴史的背景, 経験・行動　126
  危険要素5: 生活全般の状況　127
 セーフティ・プラン……………………………………………………………130
  セーフティ・プランの種類　131
  セーフティ・プランの流れ　134
  セーフティ・プランのヒント　136

第7章　アメリカのDV対策

 加害者対策……………………………………………………………………139
  加害者プログラムの基本理念　140
  信頼できる加害者プログラム　141
  信頼できない加害者プログラム　143
  加害者プログラムの効果　146
  支援者の関わり方　148
 地域ぐるみのDV対策：CCR………………………………………………149
  CCRを始めるために　150
  CCRの活動　152
 DV予防対策…………………………………………………………………153

　　　　公衆衛生とDV予防対策　154
　　　　思春期の子どもたちを対象にした予防対策　155
　　　　男性・男の子を対象にした予防対策　157
　　　　CCRと予防対策　158

第8章　アメリカのDV対策：課題と展望
　　これまでの支援の効果と新しい視点からの支援………………………161
　　多様な地域ぐるみのDV対策……………………………………………163
　　DV予防対策のその後……………………………………………………164
　　加害者対策について再考する……………………………………………166
　　　　効果の有無論議とフェミニストの視点からの対策のあり方　166
　　　　女性加害者の場合　168
　　　　LGBT加害者の場合　169

第9章　被害者支援に携わるあなたに
　　　　ストレスとバーンアウト　171
　　　　二次トラウマ　174
　　　　支援者の安全確保　177
　　　　セルフ・ケア：自分自身を大切にする　181
　　　　支援団体の責任とスーパービジョン　183

おわりに　186
注・参考文献　188
事項索引　205

本書における言葉遣い

　ドメスティック・バイオレンス（DV）は一般的に男性が女性に対して振るう様々な暴力であることから，本書は，被害者は女性，加害者は男性という前提で書いています。ゆえに，全体を通して被害者については，女性，彼女，妻，母親などという言葉を，加害者については男性，彼，夫，父親という言葉を使いました。また，親密な関係にある相手の総称として「パートナー」という言葉を，被害者・加害者の両方に対して使います。

　しかし，近年のアメリカでは，この女性が被害者・男性が加害者という，ジェンダーをはっきり意識した言葉遣いにとらわれないことが増えてきました。それはフェミニスト派と反フェミニスト派の二つの考え方から派生するものです。フェミニスト派は，多様な性指向や性自認[1]がある中，被害者が女性，加害者が男性という性別二元論と異性愛主義[2]が必ずしも当てはまらないという考えから，ジェンダーを特定しない表現を使うようになってきました。一方，反フェミニスト派は，性の多様性への意識からではなく，女性も男性と同様に暴力的である（例えば，夫からの暴力と同様に妻からの暴力が起こる）という考えからジェンダーを特定しないようになりました。フェミニスト派もヘテロ[3]女性から男性パートナーへの暴力があることは認知しますが，女性の暴力は男性の暴力と比べるとその背景や理由などが違うことが多いので，男性と同様とはみなしません。

　単にジェンダー関連の言葉遣いを変えるだけでは，DVの複雑な社会的影響を真に表現できません。ジェンダーを特定しない言葉遣いは往々にして，DV被害の大きな要因である，社会的な力の不均衡を覆い隠してしまうという難点をもっています。また，LGBT[4]やヘテロ男性サバイバーへの支援の姿勢をもちつつも，本来DVの起こりやすい環境を維持している家父長制[5]という，男性を優位におく社会構造を意識することが，どのようなサバイバーの支援にとっても必要です。ですから，本書では，フェミニスト派の考えに基づいて多様な性指向や性自認があることを意識した上で，女性と男性の社会的な力の違いやパートナー間での暴力の振るい方の違いをはっきりさせ

るため、女性が被害者・男性が加害者という表現をあえて使います。しかし，同性間の親密な関係の中でもDVが起こる事実を踏まえて，ゲイやレズビアンのカップルの例を出したり，パートナーという言葉遣いも増やしています。

　また，DVの被害を受けている人のことを主に「サバイバー」と呼びます。サバイバーは，英語の動詞サバイブ（survive, 生き延びる）の名詞形で，生還者，生き延びる人（survivor）という意味で，積極的にその試練の中で生き続けているという力強さを表すことができます。DVの関係から逃れた人のみを「サバイバー」と呼ぶこともあるようですが，それは間違いです。DVのある関係にとどまっている間も、まさにサバイブしているわけです。ですから本書では，DVに関してどの時点にある人でも，サバイバーと呼びます。「被害者」という言葉も，害を被ったという事実を示す言葉です。カタカナ表記がぎこちない場合など，文脈から判断して適宜使います。特に，人をさす場合は「サバイバー」が多く，団体や支援そのものをさす場合は日本語表記の便を考慮して「被害者支援」としています。

　また，「加害者」と同じくして「バタラー」という言葉も使います。これは英語の動詞バター（batter, 殴打する）の名詞形，殴打する人（batterer）です。殴打する，というのは普通身体的な暴力のみに使われますが，本書ではそのダメージの深刻さを考慮して，精神的な虐待の手段も暴力と呼びます。DV運動の中で生まれてきた言葉で，アメリカでも一般には浸透していないかもしれませんが，DVの分野では日常的に使われています。

　アメリカではサバイバーを支援し，自立を助けていくような立場にある人を「アドボケット」と呼びます。アドボケットとは，英語の動詞アドボケット（advocate, 擁護・主張する）の名詞形で，擁護・主張する人（形は動詞と同じadvocate）という意味です。また，アドボケットの働きのことをアドボカシーと呼びます。本書では，日本で被害者支援の働きに携わっている人のことを支援者，アメリカで同じような働きをしている人のことをアドボケットと呼びます。呼び名に関わらず，サバイバーの権利を擁護し主張するというのは，大変重要な仕事です。

第1章　ドメスティック・バイオレンスという社会問題

ドメスティック・バイオレンスの定義

　ドメスティック・バイオレンス (domestic violence，以下 DV) という英語を日本語に直訳すると，家庭内暴力，となります。その言葉のみを考えると，家庭内で起こる暴力であればそれが親子，兄弟・姉妹，祖父母と孫など，どの組み合わせであっても当てはまるものです。DV を法律的に解釈すると，アメリカでは通常これらすべての暴力が DV と呼ばれますが，本書で私が DV と呼ぶのは，親密なパートナー間，すなわち夫婦や恋人の間における暴力のことです。私が 10 年近く籍を置いたオハイオ州の DV 連合，オハイオ・ドメスティック・バイオレンス・ネットワーク (Ohio Domestic Violence Network，以下 ODVN) では次の定義を使っています。

　ドメスティック・バイオレンスは，成人また思春期にある個人が，親密な関係にあるパートナーに対して継続的に振るう暴力的・強制的な行為で，身体的，性的，心理的な攻撃や経済的威圧を含む[1]。

　確かにパートナー以外の家族間でも共同体としての親密さはあるかもしれません。しかし，対等な関係であるべきパートナー間での力の差，恋愛の過程や性的つながりからくる感情などを考慮すると，特別な関係であることがわかります。家庭内における子ども虐待については特殊な問題があり，別途詳しく学ぶ必要がありますので，本書では特に触れません。しかし，DV のある家庭で子ども虐待も起こっている割合は，DV のない家庭よりも非常に高いという調査結果がアメリカで多数発表されていることは，注目に値し

ます[2]。さらに、もう一つの家族間の暴力として、高齢者虐待が挙げられます。DV は、被害者や加害者の年齢に関係なく起こります。高齢のサバイバーが支援を求めてきたとき、しっかり話を聞いて親密なパートナーによって継続して振るわれてきた暴力なのか、介護疲労などに起因する一時的な虐待なのかを知ることが必要です。DV サバイバーの支援者には、DV 以外の虐待についての理解も必須です。

　暴力という言葉を使うとき、人は通常身体的暴力を想像します。しかし DV を理解する上で非常に大切なのは、体を殴る・蹴るという暴力以外に、心を殴る・蹴るという暴力もあるということです。体に負う傷は身体的、あるいは性的暴力によりますが、それ以外のどのような形態の暴力であっても、特に親密な関係にある人から受ける場合、心に深い傷を残します。また、サバイバーの支援者として、DV は繰り返される行為であることをしっかりとらえる必要があります。バタラーの多くは「あれは一度だけのことだったのに、大げさに逮捕までされて……！」などの不平や不満を言い続けます。またサバイバーも「今まで虐待されたことなんてなかった」などと、最近起こった事件が最初の DV だと主張することがよくあります。あるいはサバイバーが報復を恐れ、加害者に合わせて DV を過小評価することもあります。また根本的に、DV を身体的暴力としてのみ理解しているから「一度」の殴打にのみ焦点を当てて他のことを考えない、という場合もあります。「殴ったのは初めて」、「骨折したのは一度だけ」、などが例として挙げられます。その「初めて」の身体的暴力が起こる以前に、数々の暴力的、強制的行動が取られているのが DV です。それは、妻が外出するたびにいやみを言うことから、食事が冷めているのが気に入らずに食卓をひっくり返すことまで、一見単独で起こっているかのように見えますが、実は過去の暴力が次の暴力へと鎖のようにつながっているのです。

　さらに強調したいのは、DV は大人の間にだけ起こることではないということです。子どもたち、主に思春期にある子どもたちがデートをしたり親密な関係を発展させていく中で、大人と同じ DV が起こりうることを周囲の大

人はしっかり知らなければなりません。さもなくば，この若いときに培われたパワーとコントロールのからくりは，大人になっても繰り返されていくことがあるでしょう。

バタード・ウィメンズ・ムーブメント

　アメリカのアドボケットたちは，DV運動をバタード・ウィメンズ・ムーブメント（Battered Women's Movement＝殴打された女性の運動，以下BWM）と呼んでいます。バタードというのは英語の動詞バター（batter, 殴打する）の名詞形，殴打されるもの（battered）です。身体的暴力のみならず，親密なパートナーから様々な形態の暴力を受けてきた女性たちのことをバタード・ウィメンといいます。この運動の中で活動してきた女性たちにとって，そして新たに加わって活動し続けていく女性にとって，またそんな女性たちを支援する男性にとってもこの運動をBWMと呼び続けることは非常に大切なことだといえます。それは，夫や恋人から虐待され続けてきた当事者である女性たちが，「もう我慢ならない！」，「私たちが何とかしなければ誰が？」という思いを持って社会変革を求めて始めた活動だからです。

アメリカの歴史とバタード・ウィメンズ・ムーブメント
　アメリカの近代史をたどると，BWMはその名前が付く前からとっくに始まっていたといえるでしょう。19世紀の参政権運動は，女性にあるべき政治的権利を獲得し，男性が女性に対して君臨することを許さないという社会的視点から，女性への暴力反対運動の先駆者ともいえます。参政権運動の活動家の中には，禁酒運動を支援する女性たちが多くいました。泥酔して帰宅しては妻に暴力を振るう夫達に辟易した女性たちが集まり，酒場の営業を停止するよう求めた禁酒運動での活躍が，最初のBWMだったという見方もあるようです[3]。

　さらに1950～60年代のアメリカでは，市民権運動，反戦運動，黒人解放運

動が広がり，一般市民が様々な社会の不義に対して声を上げ，改善を迫りました。これらの社会運動に触発された女性たちが社会での自分の位置に疑問を持ち，動き始めたのが社会的なフェミニスト運動の始まりです[4]。フェミニスト運動の一環として全米に広がった反レイプ運動やコンシャスネス・レイジング（CR）[5]運動の流れを受けて始まったのが BWM といわれています。レイプに反する声を上げ，CR グループで女性に対する暴力について学ぶ中で，愛する男性から受ける暴力に疑問を持ち始めたのが社会を揺るがす運動にまでつながったのです。

　もちろん，すべての黒人が黒人解放運動の活動家ではなかったのと同じように，すべての DV サバイバーが BWM の活動家として組織された働きをしたわけではありません。しかし，個人がそれぞれの場所でその痛み，怒り，情熱と愛情をもって行った，あるいは静かな，あるいは大々的な行動が，大きな運動の基盤になっているのです。その個人レベルの動きから組織レベルの動きまでの全ての運動の積み重ねが，今日 DV にまつわるアメリカの社会変革を大きく動かしてきました。

　一連の BWM の中で一番大きな動きといえるのは，被害を受けている女性をかくまうためのシェルターの設立でしょう。記録に残されている最初の正式なシェルターは，1972 年にミネソタ州セント・ポール市とカリフォルニア州パサデナ市にできたといわれています[6]。正式なシェルターの有無に関わらず，女性たちは被害に遭っている友達，娘，姉妹などを自分の家にかくまってきましたが，資金の増加やアドボケットたちの働きにより，シェルターを含め DV サバイバーを支援するプログラムの数は，2013 年には全米で 1900 を超えています[7]。

　こうして，女性たちをバタラーからかくまうだけでは十分な支援にならないと考えたアドボケットたちは，社会的組織・制度を変えていくことに精力を注ぎました。特に，法的に DV が真剣に受け止められ，バタラーが社会的制裁を受けるようにならないと，女性や子どもたちが安全に暮らせるようにはなれない，という観点から，司法・警察制度への働きかけが活発化しま

した。1976年の時点では，退去命令のある州（DVで加害者が逮捕され，家から退去させられることになっていた州）は数えるほどでしたが，その10年後にはアメリカ全州の二分の一の州で，DV加害者逮捕と保護命令が義務付けられる法律ができました[3]。現時点では，全米各州がDV加害者逮捕を義務付け，何らかの形の保護命令発令のシステムを保持しています。また，多くの州が逮捕優先制度，あるいは義務逮捕制度を導入して，逮捕強化に努めています[8]。

特に80年代に入って，DVシェルターは緊急避難所やホットラインのみならず，他のサービスも提供するようになってきました。その例としては，サポートグループ[9]，カウンセリング，子どものプログラム，裁判所でのサバイバーのサポート，地域での啓発運動などが挙げられます。また，シェルター機能なしでサポートにあたるプログラムも増えていきました。さらに，地域ぐるみのDV対策を考えるタスクフォース[10]などが各地につくられ，シェルターのみならずDVを懸念する諸機関が共にこの問題に立ち向かおう，という動きが強く見られるようになってきました。同時に，DVについての理解促進のための様々なプロジェクトで，今や世界的に有名になったサイレント・ウィットネス・プロジェクトなども作られていきました。アメリカでは10月のDV月間には全国的にこれらのプロジェクトも含めて様々なDV理解促進のためのイベントが開かれています[11]。

もともとは地域でそれぞれに運営していたDVプログラムも，全国的規模で協動する動きが出てきました。1978年にU.S.シビル・ライツ・コミッション（U.S.Civil Rights Commission＝米国公民権委員会）によって開催されたDV被害者について考える会議をきっかけに，全米DV連合（National Coalition Against Domestic Violence，以下NCADV）が創設されることとなりました[6]。1980年代には州レベルのDV連合も正式に組織され，現在では各州に連邦政府からの資金を受けたDV連合があります。州レベルのDV連合の役割は，州内のDV被害者支援団体の技術支援，トレーニングなどのサポートをし，各団体の情報交換ができるような州レベルのシステムを確保す

ることです。さらにサバイバーと子どもたち，また DV 被害者支援団体に影響を与えるような法律改正の動きに注目し，州内の団体の声を法案に盛り込めるよう働きかけることも大切な DV 連合の仕事です。また 1990 年には，各州の DV 連合をサポートする非営利の組織（National Network to End Domestic Violence，以下 NNEDV）もできました。州ごとに活動範囲やレベルの違いはありますが，国や州レベルの動きを事細かに地域の支援団体に通達するシステムがあることは，アメリカの BWM の中でも大きな成功だといえるでしょう。

　他に，BWM に関係する動きとして，バタラー・インターベンション・プログラム（Batterer Intervention Program，以下加害者プログラム）[12]の発足が挙げられます。一番最初にできた加害者プログラムは，1977 年にマサチューセッツ州に設立された Emerge（エマージ）だといわれています[3]。現在では各州に何らかの加害者プログラムが多数存在し，州法でその運営方法や内容などが規制されている場合もあります。

　また，DV や性犯罪など，女性に対する暴力に関して国レベルでの介入が必要だという考えが 1990 年代初頭に起こったことは，組織的な国への運動につながりました。その結果，1994 年に制定されたのが女性に対する暴力に関する法律（Violence Against Women Act，以下 VAWA）です。この法律によって，連邦政府からの資金が全国の DV 被害者支援団体にも下りることとなり，DV シェルターをはじめ，その他の団体から DV 連合までがその活動をレベルアップすることができるようになりました。また，VAWA 施行により，被害者支援が飛躍的に進歩した例として，DV 被害にあっている移民女性がアメリカ人の夫の助けをかりずに永住権を取得できるようになったことなどが挙げられます。VAWA はその後も改正を続け，2013 年の改正で特にアドボカシーが行われたことには，LGBT の人たちの保護の改善とアメリカ原住民族居留地での法的措置の改善などが含まれます[13]。

アメリカの動き，日本の動き

　こうしてアメリカのBWMを見ていると，サバイバーとその支援者たちが中心になって社会変革を遂げてきたことがわかります。アメリカでは全州でDVは犯罪とみなされるようになり，裁判所や警察の対応も改善されてきました。DV被害者支援団体や連合のスタッフが関係諸機関のDVへの対応を改善するために，社会福祉サービス，子ども保護機関，裁判所，警察などのトレーニングに当たるようにもなりました。また，サバイバーとその子どもたちのためのサービスも増え，加害者対応策も様々な試行錯誤がなされてきています。特にアメリカのBWMの成功といえるのは，資金の獲得とサポートネットワークの設立だと思います。現実問題として，日米間には政治的，また体質的な違いがあるのも確かです。しかし，真剣にDV対策に取り組みサバイバーを守っていくためには，国や都道府県，企業などからの資金的なサポートが，日本でも必要不可欠であることは否めない事実といえるでしょう。

　もちろん，アメリカのアドボケットたちも様々な問題に直面しています。フェミニズム[14]に対するバックラッシュ，また最近では資金の減少などが大きな問題として挙げられます。しかし，これまでもそうであったように，DVに関する社会変革に一番影響され，一番興味を持っているサバイバーとそのアドボケットたちがさらにつながりを強めて，今後の動きをリードしていくことになるでしょう。そしてそれは，日本でも同じだと思います。

フェミニストの視点から見たドメスティック・バイオレンス

　DVは個人の問題ではなく社会の問題である，というのがアメリカのバタード・ウィメンズ・ムーブメント（BWM）が続けられる中で叫び続けられてきたことで，フェミニスト[14]のDV観です。女性が夫や恋人から暴力を受けることが「当たり前」とされ，「あなたが言うことを聞かないから」と被害者が責任を負わされたり，「男の甲斐性」と加害者の責任は問われない

など，アメリカでも日本でも，世界中のどこででも同じように受け止められてきたDV。どう考えても個人的な問題では済まされません。

アメリカには，"Personal is political"というスローガンがあります。個人的な問題は社会・政治的問題と受け止められるべきであり，社会・政治的問題も個人がしっかり自分のこととして受け止めるべき，ということです。これはどのような社会変革を進めるときにも必要な心構えだといえるでしょう。この心構えは，個人の問題とされてきたDVを社会問題として捉え続けるために私たち一人一人が持ち続けるべきものだと思います。

アメリカや日本で現存する社会構造では，ある一定のグループが他のグループよりも力をもち，様々な形で他のグループを支配・抑圧しています。その力を持ち支配・抑圧をする方のグループの一つが男性，その支配・抑圧の標的になっているのが女性といえます。そしてこの構図は，親密な男女関係にも影響しています。アメリカでBWMが力強く推し進められ始めたとき，この「社会的な男女の不平等」と「親密な関係の中での男女の不平等」とが同時に焦点となり，DVを社会問題としてとらえる必要が明確になってきました。また，DVは社会制度を反映し，支持されているのみならず，現制度を保持していくための力を温存する現象にもなっているといえるでしょう。

またフェミニストの観点から，DVは加害者の責任だと言い切ることができます。レイプと同じようにDVにおいても，サバイバーが責められることが悲しいほどよくあります。被害を受けてきた女性は加害者のみならず周りの家族，友人，社会全般からDVの責任をなすりつけられ続けていますが，フェミニストのDV観は，これを完全に否定します。サバイバーが何を言おうと，何をしようと，害を加える者に責任があるのです。また，親密な関係の中にある特殊なからくりとDVの起こる仕組みを知ることによって，フェミニストのDV観がよりわかりやすくなりますので，本書を読み進まれることをお勧めします。

サバイバーの支援に当たるときに，支援者がこのDV観をしっかり持っていることは大切です。DVは個人的な問題ではなく，社会が責任を持って

解決に当たるべき問題であり，実際の全ての暴力の責任は加害者にのみあります。これを自信をもって言う支援者に出会ったサバイバーは，非常に力づけられると思います。それは確かなエンパワメントの始まりになるからです。

社会的抑圧とドメスティック・バイオレンス

現在のアメリカや日本では，一定のグループが力を保持することにより，様々な形で他のグループを抑圧する状態にあります。この社会的制度をアメリカでは Patriarchy（パトリアーキー）と呼びます。これが日本語でいう家父長制というものです。家父長制は社会の中の上下関係や競争を構築・保持し，また正当化します。この制度上では，力は公平に分配されるものではなく，誰かが一方的に持つものとなっています。また，力のないグループに属するものは，それゆえに起こる現象の責任まで負わされることとなってしまいます[6]。

このような社会構造の中には，多様な抑圧の関係があります。人種・民族差別主義も，社会的抑圧の関係の一つです。例えば日本で見られる人種・民族差別主義の場合, 朝鮮・韓国系の人々（日本生まれの日本育ちであっても）に対して日本人（朝鮮・韓国系の血の入っていない）が優位な地位にあり，その特権を享受することができます。「日本人」が提唱し適用した制度や社会的慣習に則って，「朝鮮・韓国人」の就職，結婚，居住地などが支配されてきたのは否めない史実です。アメリカでの例を挙げるならば,「白人」と「有色人種」ということになるでしょう。性差別主義については，「男性」が力と特権のある位置，「女性」が支配の標的という位置におかれるという関係があることは明確でしょう。

この社会的観念は，職場や学校で，また家庭の中においても個人の持つ思想として影響を与えます。DV でバタラーが使っている手段は，社会的に力のあるグループが使っているのと同じだといえます。それは力を持つ者(特権グループ, 社会的自由という特権を持つという意味から）が力を持たない者（標

的グループ，差別措置の標的という意味から）を支配する権力を持ち，様々な言動によって力のない者の従順さを保持することです[15]。

以下のコメントは，アメリカの BWM の初期からサバイバーのために働いている女性たちが作った，効果的なサポートグループを始めるためのマニュアルから引用しました。家父長制と DV の関係がわかりやすく表現されていると思います。

> 「……家父長制がどれほど社会に浸透しているか，わかってきました。家父長制はジェンダーの問題だけではなく，社会的優勢と支配の型として，この制度下の環境にある全ての人間の思考に浸透しているのです。DV は単にジェンダーの問題ではなく，私たちの文化の中に深く潜む力と支配の概念の徴候だということがわかり始めました。また，敵は男性ではないことが見えてきました。家父長制の中では，確かに男性の方が自由，特権や地位を享受することができます。しかし，男に代わって女が全てを支配し始めたら全てがよくなる，とは思わなくなりました。暴力のない社会を実現するためには，完璧な文化的変化が必要であることを思い知らされました。」[16]

このコメントの著者は，ジェンダーの問題は，男性に代わって女性が力を持つ地位に着くことで解決されるものではない，と言っています。男性が力を持っていることよりも，誰かが力を持つことになっている社会構造が問題なのです。ジェンダーの問題を解決するには，大きな社会変革が必要だということです。もちろん，その解決の方法として，歴史的に政治的・社会的な力を拒まれてきた女性が様々な場で影響力のあるポジションに着き，真の男女平等を目指した社会改革の大役を担っていくことは必須です。

家父長制の中にあって個人が置かれている様々な社会的関係を考察してみるとき，全てにおいて特権グループもしくは標的グループにしか属していない，というのは稀なことです。例えば「日本人」の「女性」である私は，日本の社会生活の中で，日本人である特権を享受すると共に，女性であるゆえに抑圧されるという両方の経験をしてきました。他にも抑圧の関係は様々

な形で現れます。障がいのある人とない人，貧困にある人と裕福な人，同性愛者と異性愛者，正式な教育のない人とある人，などが例として挙げられます。

　サバイバーの支援をするに当たって，支援者が自分自身の社会的抑圧の経験を把握しておくことをお勧めします。支援者自身が多様な特権と標的の経験をしてきたのと同じように，サバイバーも様々な経験をもって保護・支援を求めにやってくるからです。そのサバイバーのおかれた社会的位置，そのために払ってきた犠牲，通ってきた苦労と共に，生まれ持った特権さえもが，彼女のDVの経験とDVからの回復に相互に作用するのです。さらに，支援者の特権と標的の経験が，サバイバーとの働きに影響します。例えば，裕福な家庭に育ち，正式な教育を受けてきた支援者が，貧困の中で育ち，教育を受けることができなかったサバイバーを支援しようとしているとします。支援者が自分自身の特権と，それがサバイバーにどのように受け止められるかということを考慮した繊細な心遣いなしに支援を始めると，様々な誤解や二次加害を与えることになるかもしれません。

社会的抑圧と内的抑圧

　サバイバーの回復に影響を与える抑圧の中に，内的抑圧と呼ばれるものがあります。これは，標的グループに関する社会的偏見を，標的グループの人々が信じ込んでしまう（内化する），ということです。例えば，偏見の一つとして，「女性は若い方が価値がある」という考え方を取り上げます。若いときは美しいと言われ，一定の年齢を超えて結婚していない女性は「行き遅れ」と煙たがられ，精神的にもまた行動も幼いほうが「かわいい」ともてはやされる。メディアや日常の経験を通して，このような偏見が一般常識，社会的風潮として浸透します。女性自身もそれが事実に反していることであり，自分にとって否定的・限定的な影響を与えることであっても，その偏見にさらされているうちに，それを事実として受け止めるようになります。ほとんどのDVサバイバーは社会的な偏見に加えて，「お前には価値がない」と自分の夫や恋人からも言われ続けていたのです。この内的抑圧は，サバイ

バーの回復に大きな影響を与えることが多いので，支援者がこれらの複雑な社会的抑圧と内的抑圧の関係を知っておくことは，しっかりと支援をしていくために欠かせません。

　支援者の使命はサバイバー個人を支援することのみならず，社会全般のDVに関する意識向上に貢献すること，組織・制度のDVへの対応を改善すること，DV予防対策に関わること，そして最終的にDVのない社会を目指して多様な活動をすることが含まれます。ゆえに，支援者がDV運動の歴史と，一見個人的なことのように見える問題の社会性という全体像をしっかり理解していくことは非常に重要です。

第2章　ドメスティック・バイオレンスのからくり

　ドメスティック・バイオレンスは一体どのようなものなのかという知識は，被害者支援の働きに必要な基本的なものです。しかしながら，「基本事項は当然理解しているもの」という前提で支援の仕事に就き，そのまま何年もたってしまっていることがアメリカの現場でもよくあります。私自身も基本的な研修を受けることなく，とにかく仕事をしながら学んでいきました。理解不足のために傷つけてしまったサバイバーが何人もいたのでは，と悔やまれます。一般的にアメリカのDV連合で行われる新人アドボケットの研修では，じっくりとDVのからくりについても学ぶ時間をとります。私が支援を始めた頃にこのような研修があったらよかったのに，とも思わされます。本章では，アメリカのバタード・ウィメンズ・ムーブメントの中で集積された支援者必須の基本知識を説明します。

パワー＆コントロール

　加害者プログラムの中でバタラーたちが自分の暴力について話すときによく使われる言い訳の一つが"I just lost control（何をしてるかわからなくなってしまっただけ）"です。これを詳しく説明すると，「怒り心頭となり，なんだかわけがわからなくなって，気が付いたら殴っていた」ということになります。実際にバタラーたちは，自分の説明に納得します。また，サバイバーたちもそうに違いない，と思う（自分に言い聞かせる）こともあるでしょう。愛する人がわざと自分を殴ったと思いたい人はあまりいないでしょうから。さて，バタラーは本当に何をしているのかわからなくなって，暴力を振るっているのでしょうか？

私の率いる加害者グループでは，新しく入ってきた人にはとりあえず本人の思うままにDVの状況について話してもらっていました。ほぼ100％が言い訳だらけです。"I just lost control"が出てくると，必ずその前後の状況，その瞬間に考えていたこと，感じていたことなどについて細かく質問します。そこで大抵浮上するのが，"I just lost control"は全くのうそである，ということです。ほとんどのバタラーが事細かに何があってどうなった，ということや自分がしようとしたこと，その理由などを説明できるのです。

　実はバタラーたちは何をしているのかわからなくなってしまったのではなく，その暴力を使うことによってしっかり事態を支配しようとしているのです。第1章で説明したように，DVが起こる背景には，親密な関係上の力の不均衡があります。もちろんバタラーがその力の上位を保つためには，ある一定の支配を強制しなくてはなりません。そこで行使されるのが様々な形態の暴力なのです。

　図1の「パワーとコントロールの車輪」は，アメリカのアドボケットのトレーニングにも欠かせない非常によくできた道具です。これは米国ミネソタ州ドゥルース市にあるドメスティック・アビュース・インターベンション・プロジェクト（Domestic Abuse Intervention Project，以下DAIP）が開発したもので，バタラーのパワーとコントロールの使い方の説明として的を射ています。なぜそれができたかというと，DVを経験してきた女性たちの意見をもとに作られたからです。DAIPは早くからサバイバーの支援を始めていました。CRグループやサポートグループで何百人というサバイバーたちの話を聞くうちに，DAIPのスタッフは様々な人種・民族，宗教，社会的地位をもつ女性たちが非常に似通ったDVの経験をしていることを不思議に思い，詳細に記録し始めました。それを基にして，「パワーとコントロールの車輪」は1987年に世に出されたのです[1]。

　この車輪の中心にあるのはバタラーの意図，「パワーとコントロール」です。これはこの車輪で描かれているすべての暴力の原動力といえます。一つ一つのスポークにあるのは，パワーとコントロールを保持するための手段。

図1　パワーとコントロールの車輪

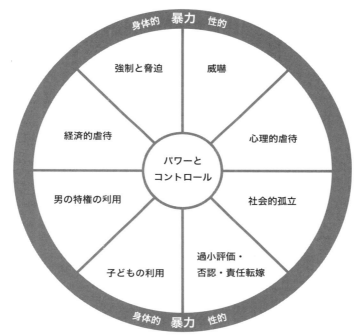

ドゥルース・ドメスティック・アビュース・インターベンション・プロジェクト（下記）の許可により、著者が和訳し、本書に転載しました。
Duluth Domestic Abuse Intervention Project
202 East Superior Street Duluth, Minnesota 55802
218-722-2781　www.duluth-model.org

　これらの手段を使って、バタラーがパートナーの身体に触れずに十分に支配できるのは確かなことです。この内側のスポークにある手段でバタラーが自分の思うような結果が得られなかったとき、車輪の外側にある身体的、性的暴力が使われます。いわば「最後の手段」でしょう。また、身体的・性的暴力にはこの車輪全てを固く保持する働きがあります。一度起これば、被害を受けた側にとってはもう十分。また起こるかもしれないという恐怖感だけで、加害者の言うことを聞いてしまうこともあるのです。

ここで注意しなければならないのは，サバイバーの経験は様々であるということです。身体的・性的暴力が最後の手段として使われる場合もありますが，人によってはそれが日常茶飯事ということもあるのです。また，身体的暴力が全くないというケースも多々あります。

　「パワーとコントロールの車輪」を使って，DVでよく使われる暴力を以下に説明します。一般的にこの車輪の説明をするときに使われるものも含んでいますが，私のアメリカでの経験と学びで得たものも加えていますので，サバイバーと面接するとき，また一般の啓発活動のときなどに参考にしてください。

　心理的虐待：馬鹿にする，批判・非難するなどして，サバイバーに辛い思いをさせること。心理的な操作によって，被害者が「自分はおかしいのではないか」と信じるように仕向けます。日本的に言えば，「ああ言えば，こう言う」のようなパターンを使い，サバイバーの言葉尻を捕らえてバタラー特有の理詰めで彼女を責めるのはよくあることで，バタラーと親密な関係にあるからこそ操られてしまうのです。ある実例では，口論のあげく夫がナイフを手にとって脅したときに，妻が大声を上げて玄関から逃げて行きました。妻を捕まえて「脅そうとしただけだろう！　本当に刺すつもりなんてないに決まっているのに自分の夫を信じられないなんて，なんて妻だ！」とその夫は彼女を大声でなじりました。これはバタラー特有の理詰めのいい例です。こうしたことを毎日のように繰り返しているうちに，サバイバーは心理的に疲れていきます。

　社会的孤立：サバイバーの行動範囲，交際範囲などをバタラーが決めます。行ってもいいところ，話してもいい人などを直接的に言い渡すバタラーもいますが，間接的な方法もあります。例えば，ある人と話した後はその人に関してひどい悪口を言ったり，嫉妬心をむき出しにするなどして，サバイバーの方からその関係をやむなく断念するのもよくあるパターンです。また，彼女の仕事や読んでいるもの，学校で学んでいることなどを馬鹿にしたり，バタラーと過ごす時間が制限されることなどを批判して，結局，彼女が自分の

したいことを断念せざるを得ない，ということもよく見られます。こうしているうちに，サバイバーには虐待的なパートナーしか話す人がいなくなり，社会的に孤立してしまいます。

　過小評価，否認，責任転嫁：バタラーが自分の暴力，それに対するパートナーの気持ちや意見を過小評価したり，否定します。万が一加害者が暴力の存在を認めたとしても，「大したことはない，お前は大げさだ」と過小評価するか，「お前が余計なことをしなければ」，「そこにたんすがあったから当たって怪我したんだ」などと責任転嫁したりします。暴力が起こらなかったこと，あったとしても大したことはないし彼自身の責任ではないことなどは，バタラーにとってはれっきとした「事実」となります。バタラーがこれを事実として完全に信じきっているため，サバイバー自身もバタラーの言う「事実」を信じることになっていったり，そうでなくても恐怖感や疲労感から黙らざるを得ないという状況になってしまうのです。

　子どもの利用：子どもの行動を母親であるサバイバーの責任にして，彼女の母親としてのあり方を責めます。子どもの前で彼女に暴力を振るうことで母親としてのサバイバーを侮辱したり，子どもに母親の悪口を叩き込んで子どもにも彼女を責めさせたりすることで，虐待を倍増します。さらに子どもを直接虐待して，母親に辛い思いをさせることも子どもの利用のいい例です。もちろん，独自の理詰めで子どもの虐待を被害者に責任転嫁するのは，加害者にとってはごく自然なことです。離婚などの懸念がある場合は，親権を盾に脅したりすることもよくあります。また，子どもがいない場合でも同じようなパターンで他の家族，あるいはペットなど大切な第三者を利用して彼女を責めることもよくあります。

　男の特権の利用：二人の関係の中での男女の役割をバタラーが決めてしまうのは，一番古典的な男の特権の使い方でしょう。女性が強いといわれているアメリカでも，この男の特権はしっかり根付いています。家事，子育ては女性の責任で，外で働いていても，体調がすぐれなくてもその期待は変わらず，女性がまるで奴隷のように使われます。二人で話し合って決めたこと

でも，結局バタラーの思い通りの方向に彼女の同意なしに変えてしまったり，彼女を子ども扱いし，同等の大人として見なさないこともよくあるパターンです。そうした上下関係をしっかり位置付けることで，バタラーが支配し続けるのです。

経済的虐待：一般的にアメリカでも日本でも，同等の働きをしても女性のほうが男性より収入が少ないのが現実です。「誰のお陰で食べていけると思っているんだ」という発言に代表される経済的男性優位の誇示。平等な関係であるならば，誰の稼ぎであっても同等に二人の間で分配されるべき収入が，バタラーのみ自由に使えるようにすることはよく見られます。被害者のお金の使い方を一方的に責め，彼女や子どもの経済的必要を顧みないことは，自分勝手で無責任な加害者にとっては当たり前のこと。またサバイバーの方が収入が多かったり，何らかの理由で経済的余裕があったりすると，男の特権，心理的虐待などを通して彼女のお金を自分勝手に使ったりすることもあります。こうしてバタラーが経済的支配力を維持するのです。

強制と脅迫：様々な脅しを使ってバタラーが自分の要求を通そうとします。バタラーの要求は多岐にわたり，それに追随する脅しも様々です。例えば，警察にうそをつかなければ別れる，別れるなら自殺する，離婚するならお金は一切渡さない，セックスを拒むなら他の女性と関係を持つ，今こっちに来なければ大事な人・物を殺す・壊す，など。また，彼女に窃盗，麻薬取引などの犯罪を強制的に犯させ，それに関して脅す。これらの脅しは脅しで終わることもあれば，実行に移されることもあります。どちらにしても，サバイバーは逃げ場のないところに追い込まれた状態になり，彼の要求を呑まざるを得なくなっていくのです。

威嚇：これもバタラーによる脅しの一部ですが，言葉ではなく行動を使っての脅しです。怖い顔をする，こぶしをかざす，凶器を見せる，テーブルを叩く，物を投げる，彼女の大事にしているものを壊す，ペットをいじめるなどがいい例です。特に，前に脅迫されたり身体的・性的暴力を振るわれたりしたことがあれば，そのときに見せたようなしぐさや怖い顔を見せれば，

被害者にはそれが何を意味するのか自動的に理解できるわけです。これは，部外者には理解できないことが殆どでしょう。実際に被害者に触れず，周囲の人たちに何のヒントも臭わさずに，何らかの暴力の可能性を暗示することができるのです。

身体的暴力：実際に彼女の体に危害を加える行為。殴る，蹴る，押す，こづく，叩く，咬む，掴む，物を投げつける，髪を引っぱる，首を絞める，ナイフや銃などの凶器を使って傷つけるなど。アメリカで加害者がよく口にするのは "I helped her move（彼女が動くのを手伝ってやった）" や，"I restrained her from doing……（彼女が……するのを止めてやった）" というような表現です。優しい表現（?）に変えられていますが，結局は嫌がる彼女を無理やりに力で押しのけたり押さえつけたりした，ということです。バタラーの過小評価にかかっては，まるで正当防衛か優しく援助の手を伸べたかのように聞こえることもありますが，これらは全て，身体的暴力とみなされるべきです。

性的暴力：彼女の意思に反する行為で性的なものは全て性的暴力です。セックスの強制，体に触れること，他人との性的行為を強制する，サド・マゾなどの行為を強制する，口論や虐待行為の後に「仲直り」と称してセックスを要求する，妊娠・中絶を強制するなどが例です。また直接体に触れない性的暴力の例としては，ポルノを見せる，彼女の体や性的行為を批判する，彼女をセックスの対象としてしか見ない，他の人と性的関係を持つ，などがあります。親密な関係の中で力の不均衡があるとき，性的暴力は何らかの形で存在することが多いようです。しかし，バタラーがセックスに興味がない場合や，性的関係がない場合などもあるため，性的暴力が必ずあるとは断言できません。

こうしてパワーとコントロールの車輪に沿って DV に見られる暴力の形態を説明しました。全てに共通しているのは，どの行為も被害者に恐怖心を抱かせ，サバイバーの意思に反することを強制的に行わせ，したいと思うことをさせないということです[2]。全てが加害者の要求を通すため，また支配

関係を維持するために使われている行為です。また，個々の行為に名前が付けられ別々に説明することができても，これらの暴力は実際には相互に作用しながら加害者の力と支配を確立しています。

これらの暴力行為は部外者にはわかりにくかったり，全く見えなかったりすることが実によくあります。また，全ての手段が使われるとは限りません。妻が働くことや，友人と出かけることを何とも思わないバタラーもいます。もちろん，それを虐待の手段に切り替えることもよくあります。この車輪を効果的に利用するためには，支援者自身が車輪のそれぞれの部分とその相互作用をよく理解することが大切です。また，この車輪がアメリカのサバイバーたちの経験に基づいて作られたものであることを説明するのもよいでしょう。

心理的虐待：威圧・強制に使われる手段

上記のパワーとコントロールの車輪の説明で，DV はサバイバー本人の意思に反した強制的行為であることがご理解いただけたことでしょう。ここで特に，DV があれば必ずある虐待，心理的虐待に焦点を当てたいと思います。この心理的虐待というのは，DV の中でも非常に実態がつかみにくいものです。言葉の暴力，心理的操作などと説明しても，その虐待を向けられている本人にしかわからない微妙な暴力は，実のところ説明するのが困難です。そこで，この心理的虐待を洗脳と捕らえてうまく説明する道具を紹介しましょう。

アメリカのアルバート・ビダーマンという心理学者が，朝鮮戦争で捕虜にされていた米軍兵士の心理状態とその捕獲者の行動を研究し，捕獲者が捕虜を洗脳し，従順を強制した手段について，1957 年に学術書で発表しました。それから 20 年ほど後，アムネスティ・インターナショナルが，世界中で行われている拷問についての報告書を出版した際，ビダーマン博士の研究結果をビダーマンの強制の表（Biderman's Chart of Coercion）として取り入れました[3]。DV の分野では，アドボケットたちが，朝鮮戦争で捕虜となった米

表1 ビダーマンの強制の表

手段	戦時中の洗脳の効果と目的	DVでの例
社会的孤立	● 対抗力を無くすため，周囲のサポートを取り除く。 ● 捕虜が自分以外のことを気にしなくなるように仕向ける。 ● 捕獲者に依存するよう仕向ける。	● 意図的に彼女を友人や家族から引き離す。 ● 実際にどこかおかしいのも，二人の間の問題を引き起こしているのも，助けが必要なのも彼女だと，周囲を納得させる。
価値観の強要	● 目先の困難に注意を向けるようにし，自己反省を促進する。 ● 捕獲者に反する価値観とは一切接触させないようにする。 ● 捕獲者の意に反する行動は全て否定・却下する。	● どうにかして彼を怒らさないようにすることや，問題を何とか避けることに彼女の注意が向けられる。 ● 仕事，学校など，外に彼女の注意が向かないように仕向ける。 ● 彼の言う通りにしないと罰する。
精神・肉体的消耗	● 肉体的、精神的に抵抗する力を弱らせる。	● 家庭の用事を一切彼女にさせる。 ● 口論や虐待を何時間も続ける。 ● 彼女を眠らせなかったり，睡眠の邪魔をする。
威嚇，脅迫	● 不安感と絶望感をつのらせる。	● 次は何が起こるか，と恐怖感を抱かせる。 ● 子どもや家族，大事なものを傷つけるなどと脅迫する。
一時的な寛容性	● 捕獲者に捕虜がすすんで従順になる動機を与える。 ● 欠乏した状態に適応できなくなる。	● 彼がカウンセリングに行く，彼女にプレゼントを贈る，など反省の色を見せたり優しくしたりする。 ● 身体的暴力を一時的にやめる。
自己全能性の誇示	● 抵抗が無駄であることを悟らせる。	● 彼女がどこにいるか，何をしているかなど，探し出す。 ● 彼が権力を持つ人や団体と親しいことをを誇示する。
侮辱	● 抵抗することによって傷つくことの方が捕獲されていることより辛いように思わせる。 ● 捕虜を動物のレベルに落とす。	● 子どもの前で虐待する。 ● 彼女が嫌がることをわざとさせる。 ● 衣食など日常生活に関することを利用して虐待する。
些細な要求の強要	● 従順を習慣化する。	● どうでもいいような些細なことや，彼自身ができるようなことを，必ず彼女がするように強制する。

軍兵士と同じような威圧と強制の手段がサバイバーに対して日常的に使われていることに注目し，DV の説明をするための道具としてこの表を使うようになりました。

　親密な関係にあるパートナーを虐待するときに使われる方法は，捕獲者が捕虜をコントロールする方法と同じです。捕虜を完全に支配するためにまず必要なのは，その体を牢獄に入れ，鍵をかけてしまうことでしょう。そして心理的な虐待を続ければ完全に支配することが可能です。パートナーの場合は経済的，社会的な要素でサバイバーがバタラーに依存するようにしておいて，あとは心理的な虐待で支配下に置くことができるのです[4,5]。

　DV の関係の中でどのように洗脳が心理的虐待として使われているか，表 1 を参照してください。この表の左の欄には威圧・強制の手段の種類，真ん中の欄にはその手段の効果とその目的がビダーマンの強制の表から直接引用されています。右の欄にはこの手段がどのように親密な関係の中で現れるかが記されています。この表の中ではバタラーを彼，サバイバーを彼女と表記します。

　ここで強調しておきたいのは，この威圧・強制の手段は，戦争に備えて訓練を受けてきたアメリカの兵士たちが捕虜になった際に抵抗しきれなかった心理的洗脳の手段である，ということです。戦争中に敵の陣地に潜り込めば，負傷，死，また捕虜となることも承知で戦いに挑んだ兵士たちですら，救出されるまで心身共に言いなりになっていたのです。同じような洗脳，心理的虐待の手段が家庭で，親密な関係の中で使われたとき，一体誰が抵抗しきれるでしょうか？　また，勇気を振り絞って脱出しようとしてもまた捕まえられて，痛い目（死もありうる）に合わされるというのは，戦争中に捕虜となった兵士と同じ状況といえるでしょう。

　DV の状況から逃げられないこと，何だか説明しきれないけれども辛い目に合わされているということなどを聴くとき，この表を思い出してください。支援者が心理的虐待の実態を理解し，サバイバーが虜になっている状況を非難することなしに聞く態度が大切です。特に心理的虐待が深刻な場合，「私

は本当におかしいんじゃないか」と思ってしまうこともあるでしょう。そのようなときに，DVと戦争中の捕虜の体験とを比較して話すと，サバイバーも安心できると思います。

暴力のサイクル論

　DVについて説明するときに，前述のパワーとコントロールの車輪に並んで利用されることがあるのは暴力のサイクル論です。これは，レノア・ウォーカーが，1979年出版のDVの古典書ともいわれる著作の中で発表したもので[6]，アメリカでDVのからくりを説明するものとして長年使われてきました。ウォーカーは，女性の心理と女性に対する暴力の領域で様々な働きをしてきた心理学者であり，DV運動の中でも大きく貢献してきました。DVに関する知識が発展し続ける中で，1980年代に一世を風靡した暴力のサイクル論についても再考する必要があります。

　暴力のサイクル論によると，DVには緊張形成期，爆発期，ハネムーン期の三つのステージがあります。緊張形成期には，日常生活や人間関係のストレスの中でバタラーの苛立ちがつのり，パートナーも子どもも彼を怒らせないようにと緊張した生活を送ります。この苛立ちや怒りが抑えられなくなったバタラーは，ついに爆発してしまうのです。これは爆発期とよく呼ばれていますが，原典では急性殴打事件（Acute Battering Incident）とされています。身体的暴力やその他の破壊的な行動が取られ，サバイバーも子どもたちも傷つき，恐れます。その怒りと苛立ちを爆発させたバタラーは，ふと自分がひどいことをしてしまったことに気づき，優しくなります。原典で優しさと懺悔の行為（Kindness and Contrite Behavior）とされているこのステージは一般的にハネムーン期と呼ばれ，バタラーはパートナーに自分の取った行動について謝り，二度と繰り返さないことを誓い，プレゼントを贈るなど，愛情を表現します。それによってサバイバーもバタラーを許してしまうことになります。しかし根本的な変化は何もないため，また緊張形成期に戻り，この

サイクルは繰り返されていくということです[6]。爆発期，ハネムーン期などの名前は，アメリカでこのサイクル論をDVの説明として使いつづける中で，誰かがわかりやすい名前としてつけたものかと思われます。

暴力のサイクル：オリジナル版の問題点

暴力のサイクル論に異議を唱えるアドボケットたちは，次のような問題点を指摘しています[7]。

1. このサイクルは初期段階におけるDVに当てはまることがあるかもしれないが，長期に渡る慢性のDVには当てはまらないことが多い。
2. このサイクルを使ってDVが説明されるとき，急性の身体的暴力に焦点が当てられ，それ以外の虐待の手段が無視されがちである。身体的暴力の経験がないサバイバーは，困惑することがある。
3. DVの様々な手段は日常的に続けられている。サイクル論では，暴力のエピソードがそれぞれ孤立した出来事として説明されがちである。
4. 「ハネムーン期」には身体的暴力が終わったため，愛情が示され虐待がないという印象を与える。「ハネムーン」という言葉に不快感を持つサバイバーも多い。
5. このサイクルにサバイバーの経験が必ずしも合わないため，アドボケットがサバイバーの話に不信感を抱くこともある。さらには被害者であることを疑ったり，被害者ではないと判断したりすることがある。
6. サイクル論はDVの原因をバタラーが怒りやストレスをコントロールできないこととしている。そうすることは，バタラーの行動の言い訳を助長するに過ぎない。
7. このサイクルを元にしてDVを考察すると，アンガー・マネジメント[8]やストレス解消法など不適切な加害者対策を，適切だと考えがちである。
8. 暴力のサイクル論は，いかに女性が被害に陥り，自分で脱出する意志がないか，ということも説明している。エンパワメントに基づく支援の在り方に，この論理はそぐわない。

9. サイクル論の中では,被害者が日々DVと戦う中で取る行動を問題的と見る節がある。例えば「……彼をかばったり,彼の失礼な態度に対して言い訳をしたり,自分を助けてくれそうな家族や友人を遠ざける。自分の両親,姉妹,兄弟,また子どもたちをも遠ざける女性もいる。バタラーを怒らせて自分自身が傷つけられるのを恐れるからだ」(p.58)[6]。こういったサバイバーの行動は,生き抜くために不可欠なものであり,実際にこういった行動を起こさざるを得ない状況にしているバタラーが問題の種であることを,もともとのサイクル論は見落としているともいえる。
10. サイクル論は,バタラーの身体的暴力を急性の暴力事件でコントロールのきかないものと説明しており,バタラーの責任逃れを容認することにつながる。

暴力のサイクル:改訂版

　暴力のサイクルをもっと包括的に説明するために,オハイオ州で図2のようなサイクルが考案されました[9]。DVの起こるパターンにバタラーの性質を組み合わせて考えられたもので,ウォーカーの暴力のサイクルと比較すると,バタラーの言動に焦点が当てられています。カッコ内の番号は図2のサイクルの中のステージをあらわす番号ですので,図を参照しながら読んでください。

　まず,毎日の営みの中で,カップルに意見の不一致があったりするのは当然のこと,という事実があります(1)。これはどのカップルにも言えることで,暴力的なパートナーがいる・いないに関わらない事実です。そこで何らかの事件が起こります(2)。例えば,靴下の片一方がどうしても見つからない,卵を落として割ってしまった,妻が仕事から予定より遅い時間に帰宅する,子どもの成績が下がった,妻が夫に不満を訴えた,など,生活の中での様々な出来事です。バタラーでない夫や恋人なら普通に話し合い,妥協する,文句を言い合う,あるいは話し合う必要さえないことかもしれません。

　しかし,バタラーが相手の場合は事情が違います。上の例を使って考え

てみましょう。妻が仕事から予定より遅い時間に帰宅し，夫が「どこに寄り道していた！」と文句を言うところから始まり，口論が始まるとします。こうした口論は，バタラーが自分の思い通りになるまで続けるものです(3)。この口論の行方はバタラーの価値観に大きく左右されます。例えば，「女は本来家にいるべきで，男に従うべき」という価値観を持っていれば，それに基づいて，「女のくせに仕事をさせてやったらいい気になって」，「家のこともきちんとできないで，仕事なんかやめろ」，「会社に他の男でもいるんだろう」などと彼女を追い詰めるような言葉をつかうでしょう(4)。そしてよく考えてみるとこの口論は，妻が仕事から遅く帰ってきたこととまったく関係のない，彼女の能力，行動や性格に対する攻撃に変わっているのです(5)。この時点で妻が夫に反撃すると，「主人に逆らうとは！妻のあり方をおしえてやる」ということで，夫は妻を痛い目に合わせる決断をします(6)。平手打ち，足蹴にするなどの身体的暴力から，「離婚してやる」などの脅し，また彼女の仕事用の服を裂く，大事にしているものを壊す，などの手段に出るかもしれません。DVが慢性的に存在する関係の場合，暴力の頻度，期間，激しさなどが徐々に増していくと思われます(7)。

　ここから先は，慢性的にDVが存在する関係ではあまり見られない状況です。DVがまだ始まったばかりの関係の場合であれば，バタラーが自分の言動を「悪いことをした」と思い，思い悩む場合もあるでしょう(8)。もちろんどの時点にあっても，全く悪いと思わないバタラーも大勢います。「悪いことをした」と思うバタラーの場合は，言葉で謝ったり，優しい言葉をかけたりということで償おうとします(9)。また，そこから進んで身体的な親密性の表現，例えば優しく触れたり，セックスをしたりということになります(10)。バタラーはこの3段階を進むうちに，だんだんいい気分になってきます。悪いことをしてしまった，という反省の心を持つ自分の優しさ，その優しさの表現を受け入れる妻，そして仲直りのセックス。そうすると，自分がいかに妻を傷つけたか，またそのことを自分が反省したという事実を忘れてしまう，あるいは「大したことじゃなかった」，「謝ったんだからもう平

図2 暴力のサイクル（改訂版）

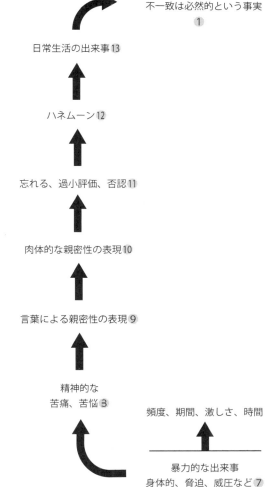

第2章 ドメスティック・バイオレンスのからくり

気」と過小評価・否認することになります (11)。そしてバタラーにとっては口論も,問題も何もない楽しい時期,ハネムーンがあります (12)。しかし日常生活を続けるうちに,またこのサイクルの一番最初の所に戻ってくるわけです (13)。

　ステージ8から12の間,バタラーの気分とは裏腹に,サバイバーは通常,心理的に辛い思いをし続けます。特にこのようなパターンを何度か繰り返している場合,根本のところで変化がなく,同じように虐待が続くのは,サバイバーにはよくわかっています。また,謝罪やプレゼント,セックスなどを受け入れなかったらかえってひどい目に合わされると思うと,サバイバーには,彼が気分よくしているのに調子を合わせるしか選択がないのです。とすれば,変化はあれど,虐待は常に何らかの形で続いているといえるでしょう。また,DVが長期で続いている場合は,ステージ8から12はないことが多いと言われます。バタラーが悪いことをした,と思うことも,優しくすることも,自分の言動を否定する必要もなくなるのです。バタラーが,サバイバーを自分の言いなりとし,彼女に全ての責任を負わせることが当たり前になるからです。もちろん,結婚してすぐ,あるいは付き合い始めてすぐ彼女が「自分のもの」になったとたんにこのような行動に出るバタラーも大勢いるため,長期・短期に関係がない場合も大いにあることを理解する必要があります。

なぜ男たちは妻や恋人に暴力を振るうのか？

　DVはどのようなものか,またいかにDVから脱出することが難しいことであるかおわかりいただけたでしょうか。
　ここで,不思議に思えることが一つあります——なぜ,男たちは愛する妻や恋人に暴力を振るうのでしょうか？ ここに,一般的に男性が親密な関係にある女性に暴力を振るう理由としてよく間違われるものを7つ挙げて,なぜこれらが間違っているのか考えたいと思います。これらの誤解を解いた上で,実際の理由を簡単に説明しましょう。

男たちが妻や恋人に暴力を振るうのは……

1. **アルコールのせいだ**：飲酒の影響でバタラーが暴力を振るってしまう，というのは，バタラー本人のみならずそのパートナーからもよく聞くことです。それゆえ，「お酒さえやめれば暴力もやめてくれるはず……」と願い，また信じる女性も多いようです。しかし，飲酒が暴力の直接的な原因でないゆえ，禁酒によって暴力がなくなることは不可能なのです[10]。もちろん，禁酒や飲酒の量を減らすと，しばらく暴力がなくなることもあるでしょう。しかし，心理的な暴力は続くでしょうし，身体的，あるいは他の暴力も時がたてば戻ってくることが多いと思われます。また，バタラーが酔っているときの方が暴力の度合いが低く安全，というサバイバーもいます。また，全ての飲酒家，あるいはやアルコール依存者がバタラーではありません。**ある人たちがパートナーに暴力を振るうのは，アルコールのせいではなく，彼らがバタラーだからです。**アルコール依存がなくなることと，DVがなくなることとは別の問題と考えなければなりません。アルコールに限らず，麻薬，精神安定剤など様々な薬物依存に関しても，同じことが言えます。

2. **怒りが抑えられないからだ**：バタラーが暴力を振るう時（特に身体的，威嚇，強制・脅迫など），確かに怒っていたり，あるいは怒っているように見えることが多いと思います。彼の表情，言葉，行動，どれを取っても怒りに満ち溢れているように思えることでしょう。怒っているから虐待する，という因果関係をここで再考しなければなりません。実のところ，**バタラーは虐待的な信念・考え方を持っているから，どんな些細なことでも怒るのです。**例えば，妻が夫の意見に反対した，という状況を想定します。「女は男に従うべきで，口答えなどしてはならない」，「夫が妻を躾けるのは当然」という考え方の夫と，「男女は平等で，お互いの意見を尊重するべき」，「妻の言うことを聞いて理解したい」と考える夫とでは，どちらがこの状況で怒るでしょうか。この時点から暴力的言動に出るかどうかは，個人の選択です。また，本当に怒りが抑えられな

いのならば，職場や，公共の場，近所の人，大事な取引先の相手に，様々な暴力を振るっていることでしょう。外では礼儀をわきまえた温和な人，と言われているバタラーも大勢います。バタラーは怒りが抑えられなくて暴力を振るってしまうのではなく，怒りを利用して親密なパートナーを虐待しているのです。また，暴力を振るうとき，全く怒っていることがない，という加害者もいます。DVの原因は，怒りやその他の感情ではありません。

3. **子どものときに虐待されたからだ**：幼少時代に虐待被害経験がある場合，10代になって，あるいは成人してから，DVも含めた暴力的行為を行う可能性が，被害経験がない場合に比べて高いという研究結果が多く出ています[11]。しかし，それは可能性を示すに過ぎません。**子ども虐待を受けて育った人，あるいは父親が母親に暴力を振るうのを見て育った人の中で，全く暴力を振るわない人が大勢います**。また，その子ども時代の経験ゆえに，サバイバーや子どもたちのために様々な活動をしている人も数多くいます。確かに，子ども時代の心の傷を持ったバタラーもいますが，それと彼自身の暴力的言動は別問題として扱われるべきです。

4. **ストレスがたまっているからだ**：「外で働くのは男の仕事」という概念が強い日本では，特に「仕事のストレス」という理由で，男性がわがままに振舞うことを許容する傾向にあると思います。しかし，ストレスというのは人間である以上誰もが持っているものです。失業，病気，借金返済，子どもの問題，仕事上の問題，結婚・離婚などによるストレスは世の中の老若男女，大多数の人が抱えており，それによるストレスは個人差はあれ相当なものといえるでしょう。しかしながら，パートナーに暴力を振るう人は一部です。バタラーはストレス解消法を学ぶことによって，虐待をやめるでしょうか？ 虐待は一時的になくなるかもしれません。しかし，**妻や恋人に暴力を振るってもいいという価値観と態度がなくならない限り，ストレスの原因が減っても，ストレス解消法を学んでも，バタラーはバタラーであり続けます**。

5. **パートナーの態度・行動が悪いからだ**：男性上位の考え方が強い日本社会では，バタラーがこの言い訳を使うことが特に多いようです。「夫が妻を躾けてどこが悪い」といったところでしょうか。これに該当する考え方はアメリカでもちらほらと言葉や態度に表れることがよくあります。表面的に隠していても，人はその価値観・態度に沿って行動するものです。パートナーに態度や行動を批判され，一生懸命に改めようと努力し続けているサバイバーは大勢います。**バタラーがバタラーである限り，彼らは常に何らかの落ち度を見つけては，あるいはない落ち度を作り上げては，虐待を続けるのです。** DVの場合，妻や恋人，あるいはその子どもたちの態度や行動を変えることによって虐待行為がなくなることはありません。

6. **精神的な病気があるからだ**：一般的に，精神疾患とDVに因果関係はありません。自分は病気なんだ，と自分の暴力的言動を精神疾患のせいにする加害者はいますが，病気ではなかったり，実際に病気の割にはうまく状況にあわせて暴力を振るっていることがよくあります。**妻や恋人を虐待することをよしとする，彼らの価値観や態度が不健康なのです。** ただ，実際に精神疾患があり，それゆえに自分の行動の結果を気にしなかったり，ひどい暴力を振るう決断をしたりすることはあり得ます[10]。しかし，それはバタラーが精神疾患を持っている場合で，単に精神疾患があるからバタラーになる，ということではありません。アルコール依存などの問題のある場合と同じく，精神疾患とDVは暴力の度合いなどに係わってくることもありますが，別問題とみなす必要があります。

7. **自分をうまく表現できないからだ**：「男は女のようにしゃべるものではない」，あるいは男性の怒り以外の感情表現は「男らしくない」，といった考え方は，アメリカでも日本でも強く根付いています。そこで，男性であるバタラーも言葉での自己表現が苦手でついつい手を出してしまう，と一般的に考えられがちです。しかし，**バタラーは必要に応じて，適切に自己表現し，問題を解決したり話し合ったりすることができます**[9]。

バタラーはそうする必要がある状況とそうしなくてもいい状況を自分の都合によって選ぶのです。もちろん，妻や恋人に対しては，威圧的に自己表現し，話し合う必要がないというのがバタラーの基本的な態度ですから，自己表現法を学んでも DV 防止につながることはないでしょう。

一般的に DV の原因と言われていることが，多くの場合，加害者の言い訳として使われていることに気づかれたでしょうか。上記とその他もろもろの言い訳を，私はアメリカのバタラーたちから何年も聞きました。彼らは様々なところからやってきた，ごく普通の人たちです。サラリーマンから車の修理工，大学生，教授，調理師，警察官，スポーツ選手など，様々な仕事を持ち，黒人，白人，アジア系からヒスパニック系など，あらゆる人種，文化的背景があります。また，子ども時代に虐待されて育った人もいれば，大事にされて育った人もいます。ただ一つ彼らに共通しているのは，その価値観と態度です。

彼らは一般的に自己中心的で，人（特にパートナーや子どもたち）の気持ちを思いやることをせず，自分の権利のみを主張する傾向があります。DV は怒り，悲しみなどの感情が抑えきれずに爆発するものではなく，またアルコールや精神疾患のために起こってしまう病気の一部でもなく，このような加害者の価値観と態度に起因します。「全ては自分のもの」という自己中心的な価値観と態度にどっかりと根を下ろし，「自分の権利のみの主張」という幹が丸々と肥えていき，「コントロール」という名の枝葉がどんどん伸びて，パートナーや子どもたちを脅かしているわけです[10]。パートナーがこのコントロールの枝葉に反発してそれを摘もうとでもすれば，たちまち奥から毒入りのつるが伸びてきて，巻き込まれてしまうのが DV の現状ではないでしょうか。価値観と態度が変わらない限り，その根から育つ幹も，枝葉も変わることはありません。また，どのような水や肥料を与えているかにも注目しなければなりません。その幹や枝葉の成長に貢献する水や肥料が，女性をモノ扱いし，その人権をないがしろにすることを「普通」としてしまうような社

会からのメッセージであり続ける限り，DVの根絶は困難を極めることでしょう。また，本当の植物ならば誰かが腐った根を切り取って挿し木し，健康な樹木を育てることができますが，人間の場合はそうはいきません。本人がその根元の価値観と態度に問題があることに気づき，それをきれいに切り落とし，健康なところに植え替えて，健康な価値観に基づいた水を吸収し，健康な幹と枝葉を伸ばして行かなければDVはなくならないのです。

第3章 ドメスティック・バイオレンスの影響

　DVは非常に複雑で，危険なものです。その被害に遭っている人たちが，何を感じ，考え，行動するかは，個人個人違ったものかもしれませんが，バタラーによって引き起こされる非常事態の中で生活していかなければならない，ということは共通の課題です。そして，各種の虐待によって生じてくる影響に直面しながら，自分を守り，また子どもがいる場合は子どもも守っていかなければならないのです。まさに，サバイバル（生きのびる）の状態です。そして，そこで成長していく子どもたちにも，大きな影響があることは否めない事実です。

　支援者は，バタラーの暴力的言動にさらされるサバイバーと子どもたちがどのような影響を受けているか，よく知っておく必要があります。個人差があることですので，ここでは一般的なことを説明します。支援をする際には，サバイバー各人の状態を丁寧に聞き，臨機応変に対応することが大切です。

トラウマについて

　「トラウマ」とは一般的に外傷のことですが，本書でいう「トラウマ」は心理的な外傷で「心的外傷」と訳されているものです。また，「トラウマを引き起した出来事」自体を「トラウマ」ともよびます。トラウマ（心的外傷）を経験した人に共通するものは，「強い恐怖感，無力感，統制力の喪失，絶滅の危機感」です[1]。人は，一体どんなことからこのような強い衝撃を受けるのでしょうか。まず，アメリカでどのようにトラウマの研究が進み，それがどのようにDVと関わっているのかみてみましょう。

　アメリカで，トラウマに起因する様々な症状に，ポスト・トラウマティッ

ク・ストレス・ディスオーダー（Posttraumatic Stress Disorder＝心的外傷後ストレス障害，以下PTSD）という正式な名前が付けられ，精神障害として認められるようになったのは1980年以降のことです[1]。アメリカでは戦争中，または帰還後に兵士たちに特有な精神的ならびに身体・行動的兆候が現れることは，1800年代の南北戦争のころから言われていました。また，第一次大戦中のイギリスで，砲弾が落とされた付近にいた兵士たちがショック反応を示すことを「シェル・ショック」と呼ばれたのも，今考えてみればPTSDだったわけです[2]。研究が続けられると同時に，1970年代，ベトナム戦争帰還兵に表れた様々な精神的症状が大きな問題とされたことから，現在のPTSDという概念が出来上がりました[3]。

1970年代といえば，アメリカでフェミニスト運動が活発化し，CRグループやシェルター活動に代表されるDV運動も始まっていました。レイプやDVの実態が明らかになるにつれ，毎日の生活の中で愛する男から受ける暴力によって苦しむ女性たちの姿にも，帰還兵と同様の症状がはっきりと見えるようになってきました。もともと，トラウマの研究は戦争帰還兵士の経験を基にして進められたため，トラウマは戦争のような「非日常的な経験によるもの」と理解されていました。しかし，日常生活で起こるDVやレイプなどの被害によってPTSDの症状に苦しんでいる女性が兵士たちよりも多いという事実が，フェミニスト運動の活発化により明瞭に示されるようになったのです[1]。

トラウマ反応は，一度の被害からでも起こります。例えば自動車事故，強盗，あるいは地震のような災害に一度遭った後，そのトラウマゆえに生じる精神的な反応を経験することがあります。あるいは，DV被害のように何度も，時には長期にわたってトラウマを経験し続けたために，様々な反応を起こすこともあります。最もトラウマの症状が深刻，あるいは長期にわたって続くのは，人為的な被害（拷問やレイプなど）にあった場合だと言われます[4]。赤の他人ならまだしも，愛する夫や恋人，毎日寝起きを共にするパートナーから，一度のみならず日常的に受ける暴力によって引き起こされるトラウマ

は，本当に傷が深いものです。

ＤＶサバイバーのトラウマ反応[5]

　身体的なトラウマ（外傷）は目に見えますから，他人にも本人にも認知されやすく，それゆえケアを行うことも比較的に容易だといえるでしょう。しかし，心理的な傷そのものは，誰にも見えません。サバイバーの負った心的外傷そのものは目に見えませんが，その傷によって与えられる影響が目に見える形で現れます。したがって，本人にも周りの人たちにも，その心的外傷の影響である様々な症状が，理解しがたく不条理なことのように思われることが多いようです。サバイバーのDVの経験をしっかり聴き，彼女の示している反応が，「異常な出来事に対する正常な反応」であることを強調しましょう。また，ここに挙げる説明と表2を参考に，サバイバーの示している反応がどのようにDVと関わっているのかを知ることが支援の役に立ちます。

　感情的反応：愛する人に暴力を振るわれるというのは，ショックであり，誰にとっても信じ難いことでしょう。特に付き合って間もない恋人からひどい暴言を吐かれたり，心理的虐待からついに身体的暴力に及んだ場合などについては，ショックのレベルも高いはずです。次はいつ殴られるかという不安，暴力に対する怒り，あるいは誰にも信じてもらえないために苛立ったり無力感を感じることもあるでしょう。批判され，馬鹿にされ，基本的人権をこそぎ取られた状態の中で，自責の念にかられ，落ち込んでうつ状態になったり，無感覚になったり，逆に感情の起伏が激しくなる場合もあります。また，いつバタラーが機嫌を損ねて暴力的になるかもわかりませんから，いつも警戒線をはっておく必要があります。それゆえ，支援者や他の家族と接する際にも，非常に警戒心が強かったり，またちょっとしたことで大げさに驚いたりするサバイバーもいると思われます。

　精神的反応：サバイバーには，毎日DVから生きのびることに加えて，仕事に出たり，学校で勉強したり，家事や育児をするなどの生活があります。集中・思考・記憶力などの知的能力が減退し，仕事に支障をきたしたり，人

表2　DVサバイバーのトラウマ反応

感情的反応	精神的反応	行動・身体的反応
ショック・信じられない	集中力の低下	睡眠が困難になる
恐怖・不安	記憶力の低下	食欲の減退
罪悪感・恥ずかしい	思考能力の減退	食事のパターンの変化
暴力の否定・過小評価	決断を下すのが困難になる	過度の疲労・倦怠感
うつ・寂しさ	問題解決が困難になる	動悸
無力感	困惑・混乱する	呼吸困難
趣味等の活動に興味を失う	自責の念にかられる	胃腸障害、吐き気、むかつき
怒り・苛立ち	悪夢をみる	倦怠感
過度の警戒心	数字を扱うのが困難になる	頭痛、めまい
物事に過度に反応する		病気がち
何も感じない		婦人科系の問題
何も・誰も信頼できない		引きこもり・孤立
感情の浮き沈み		アルコール、薬物乱用・依存
トラウマの再体験		

間関係で問題が生じたりすることもよくあります。子どもがいる場合は，学校との連絡も思うようにできなかったり，宿題をみてやることも困難な場合もあるでしょう。いつも精神的に休まることがなく，睡眠障害や悪夢に悩まされる人も多いようです。

　身体的反応：常に緊張感があり，不安・恐怖を体験し続けていると，もちろんそれは身体的にも大きな影響を及ぼします。睡眠，摂食，胃腸障害から頭痛や呼吸困難まで，様々な症状が起こり得ます。全般的に免疫力が低下し，とかく病気がちなサバイバーもいます。また医療現場では，原因不明のあいまいな訴えで頻繁に病院に診察を求めてくるサバイバーも多いということです[6]。ストレスから来る生理不順などに加えて，性的暴力に起因すると思われる性器付近の外傷，膣炎など，婦人科系の諸問題や，パートナーが避妊に協力しないため，妊娠・中絶を繰り返すこともよくあります。

　行動的反応：さらに，アルコールや薬物の乱用や依存もよく聞かれることです。これには主に二つのパターンが考えられます。DVやそれに関わる諸事情の辛さを忘れようと酒を飲んでいるうちに依存するようになる場合，あ

るいはバタラーに強制的に飲まされている間に依存するようになってしまった場合です。日本では通常、アルコール乱用の方が薬物乱用よりもよくみられるかもしれません。しかしながら、いわゆる違法な麻薬やコカインなどでなく、医師による処方薬でも、その効果を求めて乱用する結果、依存するようになる場合があります。女性がアルコールを飲みすぎるなどすると、周囲から批判されるのが一般的な傾向です。支援者は、サバイバーの行動を批判することなく、DVとアルコール乱用などの関係を考慮しながら支援をしなければなりません。

これらの反応は、サバイバーの自己のとらえ方、人間関係、生活の状態を大きく左右します。苛立ちや過度の警戒心から、家族、友人や仕事の上での人間関係に影響を与えたり、思考能力や集中力の減退、さらに慢性疲労などから、就労の継続が困難なこともあります。このような状態にあるサバイバーとその子どもたちの経済的支援の必要性を考慮して、就労や経済補助などの対応策を整えなければなりません。

PTSD：心的外傷後ストレス障害

PTSDの診断基準などを精神医学の視点から正式に学ぶことは、支援者には特に必要ではないと思います。全てのサバイバーにPTSDの診断が出されるわけではないし、必要でもないからです。しかし、多くのサバイバーがトラウマ反応で苦しむわけですから、PTSDについて基本的なことを知っておくと支援の役に立つはずです。PTSDを含む精神疾患の診断基準として、アメリカのマニュアルが日本でも頻繁に引用されています。ここではアメリカの精神医学会発行の「DSM-5　精神疾患の診断・統計マニュアル」(以下DSM-5)を参考にして、DVというトラウマを経験した人にPTSDの診断基準がどのように当てはまるのかを説明します[7]。

DSM-5によると、下記のAからHの診断基準を満たすと（成人、思春期、6歳以上の子ども）、PTSDの診断基準を下すことができます。

基準A．実際の死や死の恐怖，重傷，性暴力の経験：こういったトラウマ

が本人に起こったり，あるいは他人に起こった経験を目撃した場合も，この「経験」に当てはまります。さらに，家族など身近な人の経験した暴力などについて見聞きすることや，このような経験を繰り返し見聞きすることなども含まれます。DVの場合，サバイバーが実際に重症を負わされたり，死の可能性を示唆する脅迫を受けることや，子どもが母親の傷つけられる現場を目撃することなども，基準Aに当てはまります。

　基準B．トラウマの再体験：トラウマを引き起こした出来事を，夢の中で再度体験する場合もあれば，起きている間にそのときのことを繰り返して思い出す場合もあります。フラッシュバックといって，まるでその出来事が実際に起こっているような身体的，精神的，あるいは感覚的な錯覚を起こすこともあります。フラッシュバックは，特に生々しいトラウマ経験をするときに起こる現象といわれています。また，何かその出来事を思い出させるようなことを見聞きしたり，経験したりすると，それがきっかけとなって苦痛な再体験につながることがよくあります。例えば，バタラーによく言われていたことを他の人が言った，同じ香水の匂いがする，当時住んでいた家の前を通った，なども，再体験のきっかけとなり得ます。PTSDをもつ人の再体験は，本人がコントロールできず，思いもよらないときに急に頭をよぎったり，その思いや鮮明なフラッシュバックを止めようと思っても止められない，というのが特徴です。トラウマ経験から数年後，あるいは数十年たっていても，フラッシュバックが引き起こされるようなこともあります。子どもの場合は，悪夢をみたり，トラウマを象徴する出来事が遊びの中で繰り返されることがあります。

　基準C．回避：トラウマを思い起こさせるような思考や感情，会話，場所，人などを避け，再体験の苦痛や正気を失いそうに感じるのを避けようとすることが，常に，あるいはほぼ常にある場合です。DVのように日常生活の中で起こるトラウマの場合，自分の周りの全てといえるほどの物事が再体験に通じることになります。それゆえ，人間関係や外部との接触も避け，サバイバーが孤立してしまうこともあります。

基準D．認知や感情の変化：サバイバーは，トラウマに関する顕著な出来事が思い出せなかったり，執拗にDVに関して自分を責めたり，自他に対して否定的になったりすることがよくあります。また，恐怖，怒り，罪悪感などを常に感じている状態で，満足感や愛など肯定的な感情を感じることができず，日常の活動に興味をなくしたり，周囲から孤立したように感じることから，うつ状態のように見受けられることもあります。

基準E．興奮・驚愕反応の変化：神経が常に敏感になった状態で，いらいらしたり，些細なことでも驚きやすくなったりします。周囲からは短気な人，時には非常識で暴力的な人，と見られるようなこともあります。また，なかなか寝付けなかったり，眠れてもすぐに目が覚めて再び眠れなかったりするサバイバーも大勢います。バタラーの様子を常に気にしていなければならないような状態が長期にわたるようなDVの場合，この症状がかなりきつく，長引くことも多いようです。

基準Aを経験した後，基準B，C，D，Eのような反応が1か月以上続くこと（基準F），これらの反応が日常生活を営むのに大きな障害となること（基準G），そしてこういった困難が薬やアルコールなどによる影響やその他の病気でないこと（基準H）という全ての基準が満たされることが，DSM-5におけるPTSD診断基準です。

通常トラウマから最初の3ヶ月以内に発症し始めるということですが，それ以降になることもあります。また，短期で症状が完治する人もいれば，何十年も続く場合もあります[7]。DVは多くの場合，トラウマを引き起こすような出来事が一度や二度ではなく，継続して起こり，またその状況から逃げるに逃げられないという複雑な要素を持っています。それゆえ，トラウマ反応が重度になったり，長期に渡ることも多いようです。緊張した状態が長期にわたるとき，人間がもともと持っている落ち着いた状態を失い，その緊張感が日常となってしまうことがあります[1]。PTSDは一般的に，社会生活や就労に支障が出たり，身体的な障がいにつながりやすく，医療施設が頻繁に使われるなど，経済的損失も非常に大きい場合がよくあります[7]。特に重度

のPTSDの場合は，専門家による治療が必要です。支援者が活動している地域で，DVをきちんと理解しているセラピストや精神科医を探しておくことも，支援活動の一部といえるでしょう。

トラウマ経験者を支援するために[8]

　ここまで挙げてきたような反応を経験すると，通常の精神状態ではないように感じてしまいます。そんな思いをしているサバイバーと接する支援者に，何ができるでしょうか？トラウマを経験したあと，彼女にどのようなことが起こる可能性があるか伝えることで，トラウマ反応の悪化を防ぐこともできるでしょう。トラウマ反応を経験しているサバイバーに次のようなメッセージを伝えると，回復に役立つと思います。

1. あなたの経験していることは，「異常な出来事に対する正常な反応」であって，他のDV被害体験者にもよくある反応です。あなたがおかしいのではありません。
2. トラウマを経験した後，強い不安を感じたり，トラウマを再体験したり，またうつ症状や引きこもりなど，様々な症状を繰り返すことがあります。これは，あなたがおかしいのではなく，あなたのように大変なストレスを経験した人にはよくある，トラウマに対する脳の自然な反応です。
3. 何かのきっかけで，トラウマを引き起こした出来事を鮮明に思い出してしまうこともあります。
4. 随分時間がたった後でも，そのトラウマの記念日（一番ひどい暴力のあった日など）が近づいてきたりすると，トラウマ反応が再び起こったり，悪化したりすることもあり得ます。
5. そのトラウマに関連するイベント（カウンセリングの日，裁判所出廷日など）が近づいてくると，一時的にでも反応が悪化することがあるかもしれません。
6. 一般的に，トラウマからの回復には，時間がかかります。
7. トラウマからの回復のプロセスとともに，新しい「普通」の生活が始ま

ります。トラウマ前の「普通」とは違うかしれませんが，有意義なものにすることができます。
8. あなたの性格や何らかの弱さゆえに，PTSD になったのではありません。トラウマは人の性格を変えてしまうこともあります[9]。

　上記のような言葉で安心できても，トラウマ反応はすぐになくなるわけではありません。ですから，どのような対処方法があるかを伝えることも必要です。次に例を挙げますが[8]，サバイバーによって何が助けになるかは違いがあります。その人のできる範囲で，自分に一番合った対処方法を見つけ出すための手助けをするのも，支援者にできることです。このうちのどれかをするように，などと強制してはいけません。

1. **サポートしてくれる人を探すこと**：孤立してきたサバイバーにとって，彼女を受け入れ，サポートしてくれる人，信頼できる人を得ることは大きな支えです。例として友人，母親や姉妹，相談員，セラピスト，シェルターのスタッフなどが挙げられます。まず電話で誰か聞いてくれる人に話すことから始めるのもいいでしょう。

2. **トラウマ体験について日記をつける，または誰か信頼できる人に話すこと**：トラウマ体験を思い出すのは辛いことかもしれません。しかし，そうすることによって，時に「おかしくなってしまった」ように感じる自分の様々な感情の原因がわかり，回復に近づくことでしょう[9]。特にひどいトラウマを経験した人や，他の精神的症状に悩まされている人には非常に難しいことですので，専門家の援助を得ることを勧めて下さい。

3. **体を動かすこと**：特にトラウマを経験してすぐなど，アドレナリンの分泌がさかんになっているときには，多少体を動かすことでエネルギーのはけ口ができます。また，うつ症状などがある場合も，体を動かすことで精神的に活性化することができます。まずは，簡単なストレッチ運動や散歩などで十分です。

4. **カフェイン，糖分，アルコールなどの刺激物を避ける**：規則正しい睡眠や食事の妨げになったり，神経が高揚したりする場合があります。アコ

ールについては，依存性が高いのと，アルコールに影響を受けている間は決断力が鈍ったり，感情が麻痺したりするので，特に避けるようにするのが賢明です。

5. **お祈りや瞑想をする**：何か宗教や神仏を信じているサバイバーであれば，祈ることによって精神的に落ち着くかもしれません。そうでなければ，目を閉じて静かなひとときを持つことを勧めてみてもいいでしょう。

6. **安心できるものを自分の周りに置いておく**：不安，恐怖，悲しさなどに急に襲われることがあります。自分を安心させてくれるもの，ペンダント，本，ぬいぐるみ，写真など，何かほっとさせてくれるものがあると落ち着くでしょう。

7. **一日一つ，何か自分の好きなことをする**：漫画を読むこと，一人でお茶を飲むこと，ペットにふれることなど，なんでもいいから自分が好きなことをすることは，自分らしさを取り戻す助けになると思います。自分のことを考えることを許されなかったサバイバーも多いですから，自分は何が好きなのか探すところから始めるのもいいでしょう。

8. **自分に優しくする**：バタラーに責められ続けた結果，サバイバーが自分を責めるようになることがよくあります。自分のいいところを見つける，褒める，自分の失敗を笑う，好きなことをする，など自分に優しくするよう勧めましょう。支援者がまずその口火を切って，サバイバーに優しく接し，褒め，長所を指摘することは，いいお手本になると思います。

医師などがDVの状況を考慮せず，不適切な診断を下すこともあります。例えば，眠れない，いらいらするなど，症状の一部にのみ着目して，うつ病や不安障害という診断を下されるようなことは，アメリカでもよくあります。もちろん，長期のDVを経験し，実際にうつ症状に苦しみ，抗うつ剤が必要な場合なども多数あります。ただ，本当に患者の立場に立った治療をするためには，医療者やセラピストも，サバイバーの経験している症状が，DVによって引き起こされたトラウマ反応であることをしっかり認識した上で，治

療を進めていかなければなりません。

　様々な形態のDVがあります。そして，一人一人違った経験を背負って，サバイバーは支援を求めてきます。あなたの支援しているサバイバーが，必ずここまで挙げてきたようなトラウマ反応を示すとは限りません。それでも辛い思いをしていること，親密な関係にある相手から受ける暴力が非常に辛いものであることに変わりはありません。また，それぞれの個性や能力に合った適応力を持ち合わせているため，あなたの提案するような対処方法に応じてくれないかもしれません。それでも，彼女の経験を過小評価することなく，またトラウマ反応の対処方法を批判することなく，支援を続けるよう心がけましょう。

ドメスティック・バイオレンスと子どもたち

　母親が馬鹿にされ，責められ，殴られたりするのを目の当たりにして成長する子どもたちは，自分自身も危険にさらされつつ，人間関係の機微を学び，人格を形成していきます。胎児から青年まで，バタラーと共に過ごす子どもたちが受ける影響について考察します。

　子どもとDVについて話すとき，アメリカでも，「DVを目撃した子どもたち」，「DVにさらされた子どもたち」，あるいは「DVに影響を受けた子どもたち」という言い方が一般的です。しかし，それよりも「バタラーにさらされた子どもたち」という言い方の方が的確ではないか，とアメリカのランディ・バンクロフトとジェイ・シルバーマンは指摘します。単に父親が母親に暴力を振るう，という行動の目撃のみならず，子どもたちは毎日の生活の中で，その暴力的な父親の考え方や子育ての方法などに触れているわけです[10]。また，「バタラーにさらされた……」とはっきり名指しにすることによって，「DVという現象にさらされた……」という曖昧さがなくなり，DVの元凶を明確にすることもできます。

　ここではまず，子どもの毎日の生活の中で，バタラーがどんなことをして

いるのか，その存在と言動が子どもにどのような影響を与えるのかを説明します。

父親から母親への暴力：アメリカの子どものトラウマ治療の専門家，ベッツィー・マカリスター・グローブズによると，子どもに一番悪影響を与えるのは，家庭で起こる暴力だということです[11]。DV はいわゆる夫婦喧嘩，口論，意見の相違とは違います。そこには一方的な力関係が示されます。両親が意見の相違から口論をし，最終的には話し合って解決することができた，という「けんか」を見るならば，子どもたちは何かそこからプラスになることを学ぶこともできるでしょう。しかし，DV の場合はそうはいきません。脅したり，その他の暴力を使ってでも物事を自分の思い通りにできること，バタラーが家庭で一方的に権威を持っており，他の誰も自由に行動することができない，などの暗黙のルールを家庭の中に作り上げます。また，バタラーは強い男尊女卑の信念を持っていることが多く，家庭内の男女の在り方，そして大人の男女関係についての学びにも，大きな影響を与えます。バタラーの支配下にあって，母親は大人しく言うことを聞かざるを得ないことが多いでしょう。反対意見をぶつけても，バタラー独自の心理的操縦で，あるいは脅迫，威嚇，身体的暴力などを使って，最終的には彼の言う通りになるようにしてしまうのです。また，母親が反発してもしなくても，バタラーは彼女を馬鹿にしたり，批判したりします。子どもたちは，母親をかばったり，いやでも一緒になって母親を馬鹿にせざるを得なかったり，逆にその力に魅せられて父親側につくようになったりします。母親に対する暴力であっても，このように子どもたちにも直接関わってきます。子どもたちは父親のあらゆる暴力を見聞きし，その余波を受けるのです。

バタラーの子育て：バタラーは通常自己中心的で，責任を取るのを嫌います。全てが自分の思い通りにならないと，当り散らして時には暴力を振るったり，あるいは心理的な嫌がらせをするなどの行動に出ます。何か問題が起こると，上手に他の人（特に自分の思い通りにできるパートナー）の責任にして，自分は涼しい顔をします。さて，そのような大人に責任ある子育てができる

のでしょうか？ 答えは「No!」です。バタラーの子育て，子どもとの交わり方には，彼の考え方や態度の全てが包括されています。支配的で権威を振るうバタラーは，普段の子育てにはあまり参加しないかもしれませんが，何かあって彼が話の中に入ってくると，一方的に母親や子どもの意見をねじ伏せて，彼の意見のみを通します[12]。また，父親としての責任よりも，父親に与えられる特権を好み，自分の親としての仕事を自己中心的な考えで選択します。例えば，離婚した後，母親が口うるさいほど躾をするのに対して，父親であるバタラーは子どもをわがまま放題にするため，父親と週末を過ごした子どもが母親の元に戻ってくると母親の普段の躾が台無しになります。また子どもの視点からみると，好きなことをさせてくれる父親の株が上がるというのはよくあるパターンです。父親のいい加減さ，わがままさ，無責任さ，支配と押しつけ。子どもたちが人生の中で一番最初に触れる大人の男性がバタラーであれば，歪んだ男性像が子どもたちの中に刻まれても仕方がありません。

子ども虐待：アメリカで 1980 年代から行われている数々の研究で，DV の起こっている家庭では，子どもが虐待されている確立が高いことが報告されています[13]。例えば，子どもの虐待やネグレクトのあるケースでは，半数近くが母親もパートナーから暴力を受けていたという調査結果がいくつもあります[13]。また，母親を守ろうとしてケガをする 10 代の少年は 6 割以上にのぼり，母親が襲われる際に脳震盪や骨折などの重傷を負う幼児も多いということです[14]。さらに，バタラーは自分のパートナーに対する暴力に加え、子ども（特に娘）を性的に虐待していることも多いということも証明されてきました[10]。親密なパートナーに対して暴力を振るっているバタラーの多くは，その子どもにも様々な暴力を振るっている可能性が非常に高いということ，また生活の中でバタラーとの交わりがあるというだけで心理的虐待になり得る事実を，理解しなければなりません。

母子関係の混乱：バタラーのパートナーに対する暴力的で無礼な態度は，明確に子どもたちに影響を与えます。母親をかばうと自分が批判されたり，

第3章　ドメスティック・バイオレンスの影響　　61

危険な目に遭ったりします。幼い子どもでさえ，自分の安全か，母親の安全かを選択しなければならない状況に置かれます。またバタラーは，母親が子どもに対して行う躾を全く覆すことで，彼女の親としての権威を叩き潰します。子どもたちは嫌でも父親の言う通りにしなければならないこともありますが，場合によっては母親の躾が嫌で，父親の介入を嬉しく思い，母親に対してすまなく思ったりすることもあります。これは特に幼い子どもを非常に複雑な心理状況に追い込みます。さらに，無責任なバタラーに代わって母親の相談役になる10代の男の子，あるいはDVの痛みを忘れようとお酒を飲むようになった母親に代わって赤ん坊の世話をする5歳の女の子など，子どもが家庭内で大人のするべき仕事をするようになってしまうケースもあります。バタラーが家庭にいることで，母親と子どもの関係が様々な形で混乱してしまうのはよくあることです。

　バタラーのいる家庭には，緊張感が漂います。平穏な時があっても，それは長くは続きません。バタラーの心理的操作で家族全員が右往左往させられ，子どもたちは非常に複雑な状況に置かれます。母親が虐待されているのを目の当たりにすると同時に，多くの子どもたちが直接，心理的，身体的，性的虐待も受けているのです。「DVにさらされた」というよりも，「バタラーにさらされた」の方が，確かに的を射ていると言えるでしょう。

ドメスティック・バイオレンスに対する子どもの反応

　大人と同様，子どもにもトラウマ反応があり，PTSD診断が下ることもあります。子どもの成長段階に，DVがどのように関わり，子どもにどのような反応が見られるか，ここで考えたいと思います[8]。

　胎児：バタラーの存在は，子どもが生まれる前から危険をもたらします。自己中心で，女性を物と見なすバタラーにとって，パートナーが自分の思い通りに動けないことや，妊婦となったパートナーの体型の変化が気に入らず，彼女に身体的暴力も含めて様々な危害を加えることもあります。胎児の睡眠のパターンは，母親のストレスのレベルやホルモンの分泌の変化に影響を受

けます。また，怒鳴り声，争う音，叫び声などを聞くこともでき，胎児のストレスのレベルも上がります。母親の心理的なストレスが非常に高い状態が続いたり，身体的暴力が振るわれる結果，流産することもあります。

　乳児：母親が乳飲み子に注意を払い，多くの時間を共にすごすのは当然のことです。それでも，妻や恋人に自分の必要を満たす義務があると信じるのがバタラーの傾向です。育児は母親の仕事とばかりに，パートナーが疲れているのを知っていても，わざと手を貸さなかったりします。胎児のときと同じように，争いの声や物音を聴く乳児は，ストレスを経験します。また，乳児は自分で歩けませんから，母親が抱いて，危ない状況から逃げようとするわけです。このときに，バタラーが乳児を取り上げたりして怪我をさせることがよくあります。

　幼児：いつも不安や恐怖を味わっていると，幼い子どもはいつも誰かにしがみついているようになってしまいます。言語の発達に遅れがあったり，トイレになかなか行けなかったり，あるいは一人でトイレに行っていたのが行けなくなったりするかもしれません。落ち着きがなかったり，感情が表せないような幼児もいます。母親から離れることを極度に不安がる子どももいるでしょう。DVの口論や激しい暴力は夜に起こることが多いので，幼児もその音と不安のせいで睡眠に障害が出てくることがあります。

　学齢期：自分が学校にいる間に母親に何か起こるのではという心配や，睡眠障害，不安や悲しみなどのせいで，学校では集中できない子どもが多くいます。家で生きのびることに集中しなければならないため，勉強している場合ではない，ということになります。家庭の事情や仮病による遅刻や欠席が多かったり，よく転校したりすることもあります。また，学校に定期的に出席していても，先生に反抗したり，他の子どもと喧嘩したり，あるいは友達ができないなどの人間関係に問題のある子どももいます。逆に，学校で何の問題もない場合もあります。家での問題から逃れることのできる学校が，唯一安らげる場所と感じられることも多いようです。頑張った勉強や活動の成果が学校で褒められることなどもよい励みになり，優等生や，人気者になる

子どももいます。

思春期：学校関係の問題に加えて，思春期特有の問題も出てきます。思春期といえば，自分の存在価値・意義を考え，求める時期です。バタラーのいる家庭の10代の子どもは，家出や自殺をする可能性も高いといわれています。アルコールやたばこ，麻薬などに手を出す子どもも多くいます。また，成長して体も大きくなってきますから，特に男の子の場合，バタラーと対等，あるいはバタラーより強くなっているかもしれません。それゆえ，バタラーと身体的な喧嘩をして傷ついたり，あるいは逆にバタラーを傷つけたり，極端な例では殺してしまったり，ということもあります。学齢期・思春期ともによくある傾向として，バタラーを憎んで母親をかばう場合もありますが，支配力を発揮するバタラーの影響で母親を馬鹿にしたり，母親に対して暴力を振るったりするケースも見られます。

どの成長の段階にあっても，バタラーと共に生活する子どもたちは，不安，恐怖，怒り，悲しみ，絶望，などの感情が複雑に入り混じり，緊張感につつまれた生活をしています。場合によっては生まれる前，胎児のころから常に緊張した状態の子どももいるわけです。ですから，いらいらする，悪夢を見て泣き叫ぶ，乱暴な遊びをする，などのPTSDの診断基準にも当てはまる反応を見せる子どもも大勢います。

子どもたちを支援するために

子どもたちの支援をするにあたって役立つ概念が，レジリエンスです。レジリエンス（resilience）とは，人生における困難にうまく適応していく力のことで，誰もが習得できるものです[15]。子どもの成長とともに発達していきますが，特に影響する要素として運動，勉強，美術などに対する興味，信頼できる大人が近くにいること，自責の念から逃れる力，そして友人関係の強さなどが挙げられます[12]。さらに，バタラーのいる家庭で育つ子どものレジリエンスに最も貢献するのは，サバイバーである親との強い絆だという研究結果がいくつも報告されています[13]。

私がDVやその他の暴力に影響を受けた子どもたちのプログラムで働いていた時も，レジリエンスについてよく考えさせられました。入れ替わり立ち代わり新しいボーイフレンドがやってきては母親に暴力を振るう家庭で育ち，DVシェルターやホームレス・シェルター，知り合いの家を転々とする生活。家の外でもドラッグの売買，銃を交えての闘争，売買春。そんな環境にある子どもたちがまっすぐ成長するのに欠かせない要素になっていたのは，母親，祖父母，親戚，学校の先生など，彼らを愛し，励ます大人の存在でした。特に，毎日接する大人の中に，子どもの興味や長所を引き伸ばす工夫をし，DVが子どものせいでないことを強調し，健康な友達関係を支える人がいることは，レジエンスの発達を促します。

　逆に，バタラーの言動は，子どものレジリエンスに，悪影響を与えます。例えば，母親をその実家から孤立させれば，子どもたちは祖父母との関係を築けなくなります。子どもがピアノを習っているのに「うるさい」とやめさせてしまうことは，レジリエンスの芽を摘み取ることになるでしょう。また，母親の権威を損なうようなバタラーの言動は，子どもを守ってくれる一番近しい存在との関係を傷つけることになり，子どものレリジリエンスの発達に大きな影を落とします。

　暴力行為，またそれを容認する考え方は遺伝しません。バタラーが実父でなくても一緒に生活していれば，バタラーの生活態度から虐待的な考え方を学び，それに基づいて行動をとることも十分あります。だからといって，バタラーのいる家庭で育った子どもが必ずしもバタラーになるわけではありません。アメリカでも，バタラーである父親を見て成長した多くの男性が，女性に対する暴力を根絶するための社会運動に参加しています。ここに，レジリエンスが関わってきます。支援者が母親を力づけることは，子どもたちを力づけることに直接つながります。子どもとの関係で悩むサバイバーを支援するとき，ここに挙げるヒントを思い出してください[8]。

1. **支援者自身が母親に尊敬を示すこと**：子どもがバタラーに習って，母親を見下すようになっているかもしれません。あるいは，トラウマ反応の

ため，いつもいらいらしていたり，なかなか決断が下せなかったりするサバイバーがいるかもしれません。どのようなサバイバーに出会っても，必ず尊敬の態度を持って接しましょう。

2. **毎日のスケジュール，家庭での決まりごとなど，首尾一貫していて守りやすいものを作る手助けをすること**：バタラーのいる家庭の多くでは，全てがバタラーの気分によって左右されるため，決まりごとやスケジュールに一貫した方針がない場合があります。新しいスケジュールや決まりごとについて，子どもの意見は取り入れても，母親が最終決定権を持つようにすることも大切です。

3. **子どもの活動に母親が積極的に参加するよう推奨すること**：バタラーの支配の一部として，母親が子どもと共に時間を過ごすことを阻止することもよくあります。一緒に何かをする，また子どもの活動をよく知って，親としてできる範囲で参加することは，母子の絆を強めます。

4. **母親が，自分自身のための時間を持つよう推奨すること**：一日にあるいは一週間に，ほんの5分でも10分でもいいから，一人になる時間を持つことも，ストレスの多いサバイバーの生活の中でゆとりを持つ助けになります。子どもが寝ている間，学校に行っている間などにも時間のやりくりができるかもしれません。

5. **子どものDVに対する反応について情報を伝えること**：子どもが悪夢を見てうなされること，乱暴になったことなども，多くはDVに対する反応であることを母親に伝えましょう。大抵バタラーは，子どもの問題は全て母親の責任にします。

6. **子どもの年齢に合わせて，DVについて情報を伝えること**：どうして父親が母親を殴ったりするのか，何が原因で離婚することになったのか，など，わかりやすく説明する材料を，母親に提供することも助けになります。支援者が直接子どもに伝える場合も，同じ情報を母親に提供する必要があります。

こうして母親を支援することは、同時に子どもの支援になります。毎日のように接するサポートではなくても、子どもにとって「愛情を持って接してくれる人」が一人増えることは、非常に心強いことです。子どものトラウマ反応がひどい場合は、専門家に紹介することを忘れないでください。その場合も、平行して母親の支援を続けていくこと、「愛情を持って接してくれる人」であり続けることが必要です。

なぜ逃げないのか：バリアモデル

DVの被害に遭うことは非常に辛く、大変なことをここまで考えてきました。身体・性的虐待がなくても、共に生活する子どもたちに多大な影響を与えることも理解できたことでしょう。このところを理解した時点で、どこでDVの話をしても必ずといっていいほど出てくる質問があります。「なぜ被害者は逃げないのですか？」

被害者支援をしていると、一生懸命支援をしたサバイバーがどうしても夫から逃げる決意をしなかったり、やっとの思いでDVから逃れた女性がまた恋人の元に戻ったり、という状況に何度も遭遇します。もちろん、夫と別れるかどうか、恋人の元に戻るかどうかという決断はサバイバー本人の決断であり、支援者は自分の意見を押し付けるべきではありません。それがわかっていても、がっかりしたり、立腹したりするのを、アメリカのアドボケットたちも経験しています。そこで、支援者として、自問すべきことがあります。「被害者がDVから逃げ出すのは現実的だろうか？」、また、「本当に逃げた方が安全なのか？」。ここでは、「バリア・モデル」を使って、なぜDV被害者はこんなにも辛いDVの状況から逃げ出さないのか、あるいは逃げてもまた戻っていくのか、について説明します[16]。

図3には、被害者の置かれている状況が、四つの層に分けられて円で表されています。各層は、サバイバーの経験するバリアを表し、次のようなものが含まれます。

図3

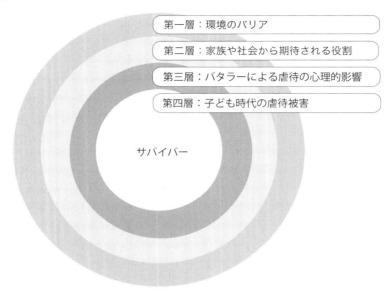

ⓒ 1997年、心理セラピー部門(29)、アメリカ心理学会
Division of Psychotherapy(29), American Psychological Association
「バリアモデル」の原作は英語で Grigsby, N & Hartman,B.(1997).The barriers model.: An integrated strategy for intervention with battered women. *Psychotherapy,34*(4)485-497 に掲載されました。出版社と原作者の許可を得てここに翻訳され，転載されています。
アメリカ心理学会は，翻訳の正確さに関して責任を負いません。原作も，この翻訳されたものも，アメリカ心理学会から前もって許可を得ることなしに，どのような手段をもって複写・配布することも，データベースや情報検索システムに保存することも禁じられています。

環境のバリア（第一層）：社会的に孤立しているため，サバイバーは自分の安全を守るために役立つ情報を持っていなかったりします。これが，日本語がわからなかったり，身体的・知的障がいなどがあったら，孤立はさらに厳しい問題となります。また，バタラーがわざと間違った情報を与えたり，監禁したり，必要な薬を渡さないなど，パートナーが脱出しないようにバリアを作ることもあります。離婚して子どもを自分ひとりで育てるということになると，経済的な問題はサバイバーにとって大きなバリアです。必死の思

いで助けを求めた警察や裁判所も結局助けてくれなかった，家族・友人など周囲の人が信じてくれない，逃げたくてもシェルターが近くにないなど，自分と子どもの安全のために実際に逃げようとしても，周りの状況ゆえ，安全が守られない場合が非常に多くあります。

　家族や社会から期待される役割（第二層）：「女性は男性に隷属するもの」，「女性は男性より劣っている」という社会的抑圧からくる女性に関する価値観が内的抑圧となり，DVから逃げるバリアになっていることがあります。女性は概して，「……さんの奥さん」，「……ちゃんのお母さん」と，「個」よりも「所属」のアイデンティティーで表されがちです。バタラーから逃げることが自分を失うことのように感じられるかもしれません。また，男性の暴力が正常化されている現代社会の価値観ゆえ，被害者自身も男性からの暴力を過小評価します。サバイバーが子ども時代にすごした家庭の価値観やルールも，彼女のバリアになるかもしれません。

　バタラーによる虐待の心理的影響（第三層）：危険度の過小評価や否認などの心理的な自己防衛は，一時的にサバイバーをその恐怖や不安な感情から守るかもしれませんが，実際の危険度を察知する感覚を鈍らせてしまいます。長期にわたる暴力に起因する睡眠不足，外傷，胃腸障害，身体的疲労感に加えて，うつ，不安，自責の念などの精神・心理的疲労感に苦しむサバイバーにとっては，逃げる気力もない状態でしょう。バタラーによって洗脳され，孤立させられて，本当に自分がおかしいと信じ込まされていたり，PTSDの症状に悩まされることは，サバイバーにとって大きなバリアです。

　子ども時代の虐待被害（第四層）：子どもの時に虐待を受けたサバイバーは，信頼できるはずの大人から傷つけられるという複雑なことを学んだため，人の信頼度をうまく察知することができないことがあります。また，子どものころからうつ，不安，摂食障害，PTSDなどの虐待への反応に苦しむ場合も多く見られます。これらの影響ゆえ，大人になってDVを経験し，どのように自分の安全を確保したらいいのかわからないサバイバーもいます。

　各層で採り上げた問題は，必ず全てのサバイバーに共通したバリアではあ

りません。例えば，サバイバー個人のレジリエンスの影響や，暴力の深刻度の違いもありますから，第三層のバリアのレベルにも大きな個人差があると思います。子ども虐待などの被害経験が全くなく，第四層のバリアがない場合もあるでしょう。「バリア・モデル」は，サバイバーの外部の状況や，また彼女自身の内面にある状況などによって，いかに暴力から逃れるのが難しくなっているのかを特にセラピストに説明するために作られたモデルです。本人の病理的な問題に焦点を当てるのではなく，サバイバーの置かれている環境がDVから逃げられなくなっている原因であることを，「バリア・モデル」は明らかにします。

　支援者がサバイバーと共に支援活動をする中で聞く質問は，「どうして被害者は逃げないのですか？」ではなく，「どうして加害者は暴力を振るうのですか？」であるべきです。「どうして」という質問をするのは，その状況が「おかしい」「理解しがたい」と思うからです。被害者が「どうして逃げないのか」という質問は，逃げないのはおかしい，というメッセージを伝えます。逃げたくても逃げるのが非常に難しい状況であることは，このモデルで見るとわかるように，被害者の責任ではありません。被害者を責める質問のかわりに，加害者が「どうして虐待するのか」という質問を投げかけることによって，虐待することがおかしい，というメッセージを社会に訴えていくのも支援者の大切な働きです。

第4章 被害者支援の働き

　支援には様々な働きがあります。地域によって，所属する組織によって，また支援者の立場（例えば行政の相談員か，あるいは民間シェルターのボランティアかなど）によっても，支援の内容は変わります。また，日本とアメリカでは法律，社会制度，提供可能なサービスなどに違いがあります。本章では，どこの国であっても，またどのような立場で支援するにしても，支援者にとって共通であるべき支援の種類，支援者の態度や倫理など，注意するべきことがらについて説明します。

被害者支援とアドボカシー[1]

　日本でもDVに関する相談窓口やシェルターなどは一般的に知られていますが，「被害者支援」といっても，人によって異なったイメージを持っていたり，その活動の内容についても違う意見があったりすると思います。正式に雇用されて支援の仕事をしている場合，その職務に与えられたもののみが支援の内容と，とらえられていることもあるかもしれません。また，ボランティアで個人的に活動している場合など，支援の内容を取り立てて制限していない場合も考えられます。

　本書における「被害者支援」は，アメリカの「アドボカシー」を基にしたコンセプトですので，まず「アドボカシー」とは何かを定義したいと思います。アドボカシーとは，自分，他の人のため，あるいは何らかの目的を達成するために必要な変革や正義をもたらすために活動することです。自分や他人の個人的な人権を守るための活動，また何らかの主義主張，例えば，「自然環境を汚染から守る」，「外国人の労働条件を向上させる」など，達成する

ために社会的な変革が必要な活動を展開することもアドボカシーです。この章で述べる被害者支援の働きは，このアドボカシーの定義に則って，サバイバーの人権を守り安全を確保することを目的とします。DVを経験した本人が，自分自身のためにアドボカシーをすることもできますが，本書では，第三者である支援者の活動が焦点となります。

被害者支援には，個人に対する支援と組織や社会の改善を通した支援（システム・アドボカシー）の二つの種類があります。

個人に対する支援

個人に対する支援とは，サバイバー個人が彼女自身のゴールに到達できるように，力づけ，支えることです。DVを経験しているという点は共通していますが，サバイバーの一人一人は必ず違う状況にあります。住んでいる地域，子どもの有無，年齢，性指向や性自認，宗教，職業，経済的状況，家族や友人からのサポートの有無など，サバイバーのニーズに違いをもたらす要素は驚くほどたくさんあります。個人に対する支援において焦点をあてるべきなのは，今，目の前にいる（あるいは電話の向こうにいる），あなたが支援しようとしている一人のサバイバーです。彼女はただ，誰か話を聞いてくれる人を必要としているかもしれません。支援者が話を聞く人になることも一つの支援ですが，サバイバーの友人，家族などの中から話を聞いてくれる人を探すための相談に乗ったり，サポートグループ，また必要であればカウンセリングなどを紹介することも個人に対する支援です。また，弁護士，児童相談所，医療者など，サバイバーのリクエストと必要に基づいて，関係諸機関と話をしたり交渉したりすることも，支援者の大切な役割です。

個人に対する支援の中には一人のサバイバーの必要を満たすために，周囲の態度，価値観，方針などを変えるように働くことも含まれます。例えば，うつ状態で親権を失いかけているサバイバーがいるとします。まず彼女の状態とDVとの関連性を説明し，弁護士や裁判官が「うつ状態の母親に子どもの面倒を見ることはできない」という価値観から，「DVが原因でうつにな

ったようなので，加害者が彼女から離れることと，カウンセリングなどのサポートを続けることで症状も改善されるだろう」，「子どもにとっても，DVで傷つけられた上に母親の元から離されるのはよくない」，という考えに変えることができるよう，情報提供していくのは支援者の大切な役割です。もちろん，これらの支援は，彼女の了解を得てから始めなければなりません。

個人に対する支援をするには，次のような態度やスキルが求められます。

1. **対人関係をうまく築くことができる**：一対一の対応をきちんとできるコミュニケーション・スキルをもつこと，また相手を信頼し，相手にも信頼されることが必要です。
2. **サバイバーの立場やニーズを理解しようとする**：人の立場を完全に理解することは不可能ですが，理解しようとする態度が必要です。そのためには，とにかくサバイバーの話をしっかり聞くこと，また自分の知識に頼らず，彼女の知識・経験に耳を傾けることが鍵となります。
3. **サバイバーの個別性を尊重する**：それぞれのサバイバーがそれぞれの人生経験，文化的背景，社会的抑圧の経験などを持って支援を求めてきます。あるサバイバーに適応した支援の方法が，他の人には全く適応しない場合もあります。サバイバーを支援者自身の枠にはめずに支援することが大切です。
4. **サバイバーのための情報収集を怠らない**：情報は日々変わるものです。地域にあるシェルターや託児所，法律など社会資源[2]に関する情報を仕入れておくと，個人的支援に役立ちます。地域の他の支援者とよい関係を保ち，ネットワークを構築することも大切です。

組織や社会の改善を通した支援（システム・アドボカシー）

この支援は，サバイバー個人を超えて，「DVサバイバー」というグループに属する人たち全ての必要を満たすよう，組織や社会レベルの変革を求める活動をすることです。組織・団体や世間一般の態度，価値観，規則や法律を変えることを目的にした活動で，通常，他の支援者や団体と協力し合いな

がら，できるだけ多くのサバイバーの支援に役立つようにするために行われます。組織によるDVサバイバーへの対応を改善し，より効果的にするのが最終的なゴールといえるでしょう。システム・アドボカシーは，DVを防止していくこと，そしてサバイバーと子どもたちの安全を守る責任は，サバイバーにではなく，組織・制度にあることを強調します。バリア・モデルでも説明しましたが，サバイバーは毎日自分と周囲の安全のためにベストを尽くしています。実際にバタラーから逃げる決意をしたとしても，どうしても元に戻らざるを得ない，というようなサバイバーに共通した大きな理由には，組織・制度の不整備，また周囲の無理解といったような社会環境のバリアも含まれます。

　ここでいう「組織や社会」には，次のようなものを含みます：国家・地方行政，警察，裁判所（民事，刑事とも），教育機関，医療機関，企業，宗教団体，児童相談所・女性センターなど行政の被害者支援機関，シェルター，カウンセリング・センターなど民間の被害者支援機関。他にも様々な組織・団体があり，地域によって異なることもありますので，このリストに縛られることなく活動してください。また，国家行政の一つとして，立法に関する働きも挙げられます。日本のDV防止法も，アメリカのDVに関する連邦法も州法も，サバイバーと支援者たちのシステム・アドボカシーの結果，成立したものです。

　全ての被害者支援団体の存在目的の一つとして，このような支援は大きな役割を果たします。DV以外にも，性暴力，子ども虐待，高齢者虐待などを防止するためにも，組織レベルの改革を求めることは非常に大切です。社会のDVに対する認識，組織の対応の仕方などを変革することの目的は，もちろん，後の個人に対する支援に大きなプラス効果をもたらすことでもあります。また，支援者が組織改革の必要性を感じ，システム・アドボカシーを始めるきっかけになるのが，一人のサバイバーへの支援ということはよくあります。例えば，あなたが支援している外国籍女性が日本人男性の夫に暴力を振るわれ，叫び声を聞いた隣人が警察を呼んだとします。出動した警察官が，

彼女の日本語がわかりにくいために加害者とのみ話をし，結局，彼女の話を理解しないまま戻っていきました。怒り心頭のバタラーとその場に残されてしまった女性がさらに殴られる事態となったことを，支援者のあなたが後で知ったとしましょう。サバイバーからは，直接の依頼はないかもしれません。しかし，サバイバー全般に対する今後の警察の対応を改善するために，移民支援団体やDVシェルターの代表者と話し合って，警察の対応について働きかけることはシステム・アドボカシーとなります。このような形で活動をする決意をした支援者は，その意図と守秘義務を守る意思を，できる限りそのサバイバーに伝えるべきでしょう。ある一人のサバイバーが不当な取り扱いを受けたという不幸な出来事がきっかけとなって，警察が一貫してサバイバーの安全を第一にした対応をすることができれば，これ以後，警察に通報するサバイバーにとって，プラスの効果があったといえるでしょう。

　システム・アドボカシーには，次のような態度，またスキルが求められます。

1. **サバイバーのニーズをよく理解している**：サバイバーの権利擁護，安全確保のために必要，ということで行うのが組織変革です。DVサバイバーというグループ全体にとって何が益になるか，という知識がないと，改善のしようがありません。
2. **働きかけようとしている組織に関する知識を持っている**：法律を変えようとするなら，現行法の何が問題なのかをよく知る必要があります。カウンセリング・センターのサバイバーに対する態度を改善するには，センターの構造や規則を知らなければなりません。また，その組織で使われている専門用語に対する知識を持つ，あるいは使いこなすことができることも役立ちます。
3. **すべての関係者を尊敬し，協力することができる**：組織を批判するのではなく，「一緒に改善する」という態度で接することが必要です。組織や社会の改善を通した支援は時間のかかるプロセスで，組織の外部・内部両方の協力者を得て，初めて実現できることです。

エンパワメントと支援[1]

　エンパワメントは，フェミニストの視点から見たDV被害者支援に欠かせない概念です。エンパワメント（empowerment）は，エンパワー（empower）という動詞の名詞形で，「正式な権威や法的な力を与える，権能を与える，自己実現や影響を促進する」[3]という意味があります。言葉だけで考えると，とても硬い概念で，そのような特別な力を支援者がどうやって与えるのか，と困惑するかもしれません。もう少し砕いて考えてみると，エンパワーという動詞は，「em」と「power」という二つの言葉から成り立っています。この「em」は「in」と同じ，すなわち「中，内部の」という意味，「power」は「力」という意味です。エンパワメントでいう力や権威は，誰もがその存在の内に生まれながら持っているものを指すのです。社会的抑圧や内的抑圧も含め，人は人生を歩むうちに様々な痛みを経験します。そして，生まれながら持っている「力」を奪われたり，過小評価したり，見失ったりしてしまうのです。支援者が特別な力を与えるのではなく，サバイバーがその内に秘めた「力」を取り戻し，あるいは認識して歩めるように支えることが，エンパワメントに基づいた支援です。

　このエンパワメントを実際に支援に生かしていく，というのは一体どういうことなのでしょうか。時に支援者は，どうすればいいのかわからない，どうしたいのかわからない，と困惑した状態のサバイバーに出会うことがあります。DVの状況の中で，パートナーに全てを支配され，サバイバー自身の自由が剥奪された生活をしてきたのですから，急に自分の住むところを好きなように決める，食べたいものを作る，お金を管理するなどの力を取り戻しても，どうすればいいのかわからなくて当然です。支援者の大切な役割の一つは，サバイバーがバタラーに奪われてきた力と権利を取り戻し，行使していくのを彼女のペースで支援することです。サバイバーがはっきりした決断を下せなくても，支援者が彼女の代わりに決断を下してはいけません。また，「こうした方がいいですよ」という提案をすることも，支援者がサバイバーに代わって決断するのと同じようなことになることを自覚して，注意しなけ

ればなりません。多くのサバイバーにとっては，バタラーの言う通り，あるいは彼の「提案する行動」を取ることのみが選択肢だったのです。サバイバーに必要なのは，支援者が彼女に代わって決断することでも，支援者の経験に基づいてどういった決断をするかを提案することでもありません。サバイバー自身が自分の経験と知識によって決断できるように，支援者が彼女を理解しようとする態度で接し，必要な支援や情報などを提供することです。支援者が自分の忙しさや都合ゆえ，サバイバーを急がせたりしては決してなりません。あくまでも，サバイバーのペースで支援していくことがエンパワメントに基づいた支援です。

　エンパワメントに反する支援の態度として，DVサバイバーに「共依存」というレッテルを貼ることが挙げられます。共依存という概念は，アルコールや薬物依存に関する知識や治療が進んだ1980年代から1990年代前半に，アメリカでも一世を風靡しました。簡単に言うと，「アルコール依存症の夫から妻が別れないのは，彼女がそんな夫との関係に依存しているからだ」というところでしょうか。元々，この概念は，機能不全家族に育った娘が親に代わって家族の世話をするようになり，周囲のニーズに敏感になっていくパターンを描写したものでした。さらに，そこから発展して，問題なのは周囲の世話に自分の存在意義を見出すようになる女性の人格であり，世話をされている側に問題が必ずしもあるわけではないと指摘するに至った概念です[4]。この考え方がDVにも当てはめられるようになり，「DVから逃げないのは，被害者がそんな夫との関係に依存しているからだ」，また「バタラーの世話をすることに被害者が喜びを見出している」と言われ始めました。「共」という文字でもわかるように，「共依存」という言葉でサバイバーの行動を説明するということは，両者に責任があると暗示し[5]，サバイバーのどこかがおかしい，と分析することになります。虐待的な人と関係を持つことがおかしい，そんな人と別れないのがおかしいということです。このような考え方は，バタラーと別れないサバイバーには人格的な問題があるとし，DVを止めることや避けることができないサバイバーを非難することになります[6]。

実際には，愛する人に虐待されていることが受け入れられないことや，何とかして変われるように助けてあげたいと思うことは，自然なことです。また，第3章のバリア・モデルで説明したように，DVの関係から抜け出せないのには，環境のバリアや周囲の期待からくるバリアなど，様々な理由があります。さらに，別れるときには危険が伴うことも多く，かなり慎重に行動する必要があります。そのような状況を考慮せず，サバイバーに「共依存」というレッテルを貼ることは，サバイバーの内に秘める強さを否定するのみならず，被害者に加害の責任を負わせ，実際の加害者をまるで被害者であるかのように説明することにつながります。支援者がこういった態度でサバイバーに接することは，エンパワメントでも支援でもなく，二次加害です。

女性主導の支援とサービス主導の支援[7]

このエンパワメントの概念に，もう一つ，新たな概念を付け足したいと思います。ジル・デイヴィーズの提唱する女性主導の支援です。英語を直訳すると，女性（woman）によって定義された（defined）支援（advocacy）となります。支援の方向性を決め，実際の支援をリードしていくのは，サバイバーである女性本人であるべき，ということです。サバイバーと支援者の間のパートナーシップから成り立ち，サバイバーが彼女のニーズそのものと，それに対応する支援のあり方を決めるという女性主導の支援のアプローチは，サバイバーを支援する方法であると同時に，DV対策全体のあり方でもあるべきです。女性主導の支援をするためには，次のようなことが必要です。

1. **サバイバーの立場・視点を理解する**：自分の目の前にいる，あるいは電話の向こうにいるサバイバーが何を求めているのか，どのような状況に立たされているのかなど，理解することによってはじめて，この女性が定義する支援が成り立ちます。そのためには，サバイバーの話を聞くことが大切です。何をおいてもまず，聴くことから支援は始まります。
2. **サバイバーとパートナーシップを築く**：サバイバーと子どもたちの安全のために，共同作業をする，という態度が大切です。「かわいそうな人

を助けてあげる」という同情や，「なぜこんなことさえ自分でできないんだろう」などの卑下するような思いも，時には支援者の中に出てくるかもしれません。女性主導の支援をするためには，同じ共同体の一員としてサバイバーに接することが肝心です。支援者がどんなに専門的な知識や情報を持っていても，サバイバー本人の経験と知識，希望に基づいた情報なしには，支援者による独りよがりの支援になったり，何の助けにもならなかったり，かえってサバイバーを危険な目にあわせることにもなりかねません。

3. **支援者の持つ知識，社会資源に関する情報，支援したいという思いを，サバイバー自身が分析する現状と将来の計画に調和させる**：支援者は，DVに関する様々な研修を受け，役立つ情報を持っている専門家かもしれません。しかし，サバイバー自身が，彼女の状況を知る専門家であり，今後どうしていくかを決める権利を持っているということを忘れては，本当に役に立つ支援はできません。彼女自身が分析する現況と，将来に対する希望などに，支援者の持っている知識や情報を組み入れることが，一番よい支援方法です。

4. **柔軟である**：危険な状況に遭ったり，そうでなくても自分や子ども，その他の家族のニーズに合わせて新しい人生計画を立てていくことは，容易なことではなく，状況に応じて決断を変更せざるを得ないことがよくあります。あるいは，私たち誰もが経験するように，ただ単にサバイバー本人の思いが変わることもあるでしょう。そのようなとき，責めることなく，彼女の決断の変更に応じて，支援の手段や方向性も変えることができる，柔軟な支援者の対応が求められます。

　この女性主導の支援に反する支援方法として，サービス主導の支援 (service-defined advocacy) が挙げられます。支援者が，サバイバーのニーズは何かということよりも，自分の持っている，あるいは知っているサービスを提供することに焦点を置いている状態です。例えば，ある支援団体が，

DVに関して法律相談と心理カウンセリングを提供しているとします。多数のサバイバーが電話をするたびに個々の状況に関わりなく，支援者が法律相談と心理カウンセリングを奨励しているとすれば，サービス主導の支援をしていることになります。また，アメリカで私がサバイバーからの電話を受けるときによくあったのが，とにかくたらい回しにされている女性からの電話です。「あそこに電話しなさい」，「○○という団体が助けてくれるから，電話してください」と言われて，何軒も電話した挙句，私の勤めていたDV連合のホットラインにたどり着くわけです。あるサバイバーは，どこに電話してもニーズが満たされず，自分が何を必要としているのか全くわからない状態のままで，とにかく言われるがままに電話をかけ続けてきたようでした。つまり問題は，違う団体に電話する度に，彼女に対応する支援者が自分の持っている社会資源の情報にサバイバーを当てはめて，「○○に電話しなさい」と提案するサービス主導の支援を行っていたわけです。サバイバーのニーズ，彼女自身の現況の分析と将来に対する計画に合ったサービスを探し出すことが肝心です。また，時には何のサービスもいらない，話を聴いてもらうだけで十分，という場合もあります。とにかくよく話を聴いて，サバイバーの立場，状況を理解し，彼女が何を必要としているのか，自分の枠に当てはめず彼女に焦点を当てて考えることが必要です。

被害者支援倫理

被害者支援団体は，どのような形態の団体であっても，しっかりとした支援倫理規定を持つ必要があります。心理カウンセラーや相談員はもちろんのこと，受付担当や，団体従業員からボランティアまで，すべてのスタッフがその規定を周知するべきです。サバイバーと直接話し合い，個人的な情報を入手する立場にある支援者は，特に支援倫理をしっかり心得る必要があります。日本では社会福祉士，臨床心理士など国家資格や民間資格，また行政職員に関しては，法律や規定によって正式に守秘義務などが定義されている場

合もあります。ここでは，アメリカの支援倫理で大切にされているものに基づいて，被害者支援に役立つと思われるものを説明します。現時点で採択している倫理規定にあわせて，参考にしてください。

守秘義務

　サバイバーの信頼を得るために，また安全を守るためにも，守秘義務は非常に大切です。守秘義務とは，一言でいうと，サバイバーから聞いたことを外部に漏らさない，ということです。しかしながら，支援者一人，あるいは一支援団体のみで，サバイバーの多様なニーズに応えきれないことは多く，団体内の関係者や専門家，また外部関係諸機関との連携が必要なことがあります。そのようなときには，必ず，サバイバーの承諾を書面で得るようにしましょう。アメリカでは，どの支援団体でも，第三者との情報譲渡についてサバイバーから許可を得るための書式があり，サバイバーから署名をもらうようになっています（表3参照）[8]。一度承諾を得た第三者と情報のやりとりをする場合でも，その経過や結果をサバイバーに必ず伝達しなければなりません。

　アメリカでは一般的に，支援者がサバイバーから入手した個人情報は，その支援者のみに与えられた情報とみなし，同じ団体内の関係者であっても，第三者には漏洩できません。必要な場合は，サバイバーの承諾を書面で得て，その限られた第三者にのみ伝えることができます。第三者というのは，支援者個人以外の全ての人，例えば支援者のスーパーバイザーも含まれます。シェルターや小さな相談室などで，複数のスタッフがサバイバーの個人情報を知る必要がもしあれば，そのことをサバイバー本人に前もって知らせておく必要があります。例えばシェルター内で，あるサバイバーの仕事のスケジュールについて，また精神的な状態などについて，彼女の安全を考慮してスタッフ全員が知らなければならないこともあるでしょう。しかし，同じ団体で働いているからといって，スタッフ全員が全ての個人情報を知っておく必要は，通常ないはずです。

支援活動をする中で，守秘義務に関して疑問が起こったり，どうしていいかわからなくなった場合，以下のことを自問してみてください。

1. **プライバシーを守れる環境になっているか？**：特に，様々な人が直接やって来る相談所，各種センターなどの場合，プライバシーが守れるかどうか，環境を点検する必要があります。例えば相談室が人から見えやすいところにあるか，相談室からスタッフの談笑する声が聞こえたりするかなど，支援団体自体が環境を点検し，改善していくように支援者がリードをとって進めていくことはシステム・アドボカシーであり，サバイバー全体の利益につながっていきます。さらに，裁判所など，公共の場でサバイバーと話をしなくてはならない場合も，できるだけプライバシーが守られるよう考慮しましょう。

2. **この情報は誰のものか？**：サバイバーから得た彼女と彼女の経験に関する情報は，全て彼女自身のものです。パートナーからの暴力というのは，非常に人に話しづらいことです。それにも関わらず，支援者に話してくれたのは，何らかの信頼を持ってくれたから，あるいは，とにかく藁にもすがる思いなのかもしれません。支援団体の記録票に記入された後でも，その情報はサバイバー本人のものであることをしっかり覚えておきましょう。

3. **何のために情報を得，何のためにその情報を第三者に提供する必要があるのか？**：なぜこの情報が必要なのか，理解して情報を得ているでしょうか。必要な情報というのは，支援者が記録票を埋めるために必要なものではありません。サバイバーが支援者に伝えたいことも必要な情報ですし，またその個人の状況に応じて，必要な情報も変わってくることに注意しましょう。情報を得る最大の目的は，サバイバーの安全を守ることです。その情報を得ることによって，どのように安全を守ることができるでしょうか。また，その情報を団体内の職務関係者や他の専門家に提供するのなら，そうすることがサバイバーの安全を向上することにどうつながるか，確認しましょう。各団体が作成した記録票などは，この

表3 情報譲渡の許可のための書式の例

情報譲渡許可書

私 ＿＿＿＿＿＿＿＿＿＿＿＿＿＿＿ （＿＿年＿月＿日）は、
　　　（クライアント氏名）　　　　　　　（誕生日）

＿＿＿＿＿＿＿＿＿＿＿＿＿＿＿＿＿＿＿＿＿ に以下の許可を授与します。
　　（支援団体の名前と担当者の氏名）

1. 情報を（該当するものにチェック）：□提供すること □受領すること □交換すること
2. 相手：＿＿＿＿＿＿＿＿＿＿＿＿＿＿＿＿＿＿＿＿＿＿＿＿＿＿＿＿＿
　　　　　　　　（団体の名前と担当者の氏名）

　　　　　＿＿＿＿＿＿＿＿＿＿＿＿＿＿＿＿＿＿＿＿＿＿＿＿＿＿＿＿＿
　　　　　　　　（団体の所在地・住所）

　　　　　＿＿＿＿＿＿＿＿＿＿＿＿＿＿＿＿＿＿＿＿＿＿＿＿＿＿＿＿＿
　　　　　　　（団体の電話番号、メールアドレスなど）

3. 情報の内容（該当するものにチェック）：□シェルター居住情報　□医療機関
　　　　　　　　　　　　　　　　　　　　□カウンセリング情報　□××××
　　　□その他（内容を詳細に記入すること）：＿＿＿＿＿＿＿＿＿＿＿＿＿

　　　＿＿＿＿＿＿＿＿＿＿＿＿＿＿＿＿＿＿＿＿＿＿＿＿＿＿＿＿＿＿＿＿

4. 目的（該当するものにチェック）：
　　　□支援活動の協働のため
　　　□必要な社会資源を入手するため（詳細を記入）：＿＿＿＿＿＿＿＿＿

　　　□その他（詳細を記入）：＿＿＿＿＿＿＿＿＿＿＿＿＿＿＿＿＿＿＿

5. 本許可有効期限：＿＿＿年＿月＿日（本日）から＿＿＿年＿月＿日

上記の団体・担当者間で提供・受領・交換された情報を第三者に譲渡することは、禁じられています。本許可書は、クライアントのリクエストによっていつでも撤回することができます。本許可書は3ヶ月間有効です。情報の譲渡が有効期限後も必要であれば、クライアントと担当者の話し合いに基づいて、新たに許可書に記入、署名することが求められます。

クライアント署名：＿＿＿＿＿＿＿＿＿＿＿　今日の日付：＿＿＿年＿月＿日

担当者氏名：＿＿＿＿＿＿＿＿＿＿＿＿＿　今日の日付：＿＿＿年＿月＿日

担当者署名：＿＿＿＿＿＿＿＿＿＿＿＿＿

ような目的を考慮して作られていると思いますが、個人の状況に合わせて臨機応変に情報収集することも、支援者に求められるスキルです。

4. **サバイバー本人はそのことを知っているのか？**：サバイバー本人の知らない情報交換は、エンパワメント、女性主導の支援に反します。どんなに支援者が必要だと思っても、本人の承諾なしでその情報を第三者に提供する権利は、誰にもありません。ただし、例外がいくつかありますので、次の「守秘義務の例外」の項目を必ず読んでください。支援は、サバイバーと支援者のパートナーシップに基づいた共同作業であること、サバイバーの経験、知識と今後についての思いに基づいて行われるものであることを、念頭に置きましょう。

5. **記録をどこに、どのようにして保管するのか？**：サバイバーの個人情報が記入されているファイルの保管状況は、守秘義務遵守に相応しいでしょうか？　必ず、関係者以外の目に触れることのないように、鍵のかけられるキャビネットに保管しましょう。また、記録を保管してある事務所以外の場所で支援活動をする場合、ファイルを外部に持ち出さないようにしましょう。必要最低限の情報のみをコピーしたり、書き写したりすることで、ファイルを紛失したり、第三者に見られることを防止できます。更に、書き写しなどは事後すぐに破棄しなければなりません。

以上の質問を考慮しつつ、不安があれば、上司や職務関係者に相談することも大切です。また、定期的にスーパービジョンで話し合うことも必要でしょう。相談の際も、守秘義務を考慮することを忘れないでください。いずれにせよ、サバイバーと子どもなどの周囲の人たちの安全を考慮した最善の行動を取ることが求められています。

守秘義務の例外：通報義務

州法による多少の違いはありますが、一般的に、アメリカで通報義務が課されるのは、危害を防ぐためには通報する必要がある、と支援者・カウンセ

ラーなどが判断した場合のみです。このような場合，情報の持ち主本人の許可を得ずに第三者（警察，児童相談所，救急医療施設など）に情報を伝え，安全を図るために介入できるということです。「誰かの身に危険が及ぶ可能性」というのはオハイオ州では，(1) 自殺，あるいは自分自身を傷つける恐れがある場合，(2) 殺人，あるいは他人を傷つける恐れがある場合，(3) 子どもの虐待が憂慮される場合と，(4) 高齢者や知的・発達障がい者の虐待が憂慮される場合と厳密に規定されています。他州では，日常生活に第三者からのケアを必要とする身体障がい者に対する虐待が含まれている場合もあります。アメリカでよくある通報義務の例は，クライアントが強い自殺の意志を示し実際に自殺をする可能性が高いとアドボケットが判断した場合，救急医療施設と協力して，入院する手続きを取ることなどがそうです。また，子どもの体に傷害の形跡があれば，子ども保護機関に通報して，必要に応じて調査に協力しなければなりません。これらの守秘義務の例外については，初めての面接時に，必ずサバイバーに伝えなければなりません。子どもの虐待に関しては，もちろん子どもが大人による保護を必要とする存在なので，危険が察知された場合，通報しなければなりません。

　ここで一つ強調しておきたいのは，アメリカでは一般的に，大人のパートナーに対する暴力に関して通報義務はない，ということです。例えば，オハイオ州では，病院にやってきたある患者がDVの被害を受けている場合，銃やナイフなどの凶器による負傷や，重度の火傷でない限り，警察に通報する義務はありません。それ以外の負傷や軽傷の場合，医療者がDVのスクリーニング[9]をし，患者と警察介入の目的や結果の是非について話し合った上で本人が警察に通報することに同意した場合，警察に通報することができます。被害者が自分で意思決定できる大人であり，もし彼女が助けを求めるならば，彼女自身の判断によって，準備ができたときに助けを求めるのが一番好ましい，と思われるからです。たとえ第三者が警察に通報しても，残念ながら大怪我でも負わない限り，アメリカでもいまだに適切な法的措置がとられないことも多く，支援も的確に提供されないこともあります。そのため，警察に

通報することで，かえってバタラーからの報復にあうなど，危険の増大につながることがあります。ですから，警察などに通報する場合，サバイバーがどのような状況におかれるかを十分に考慮して，安全を確保するための計画（セーフティ・プラン，第6章を参照のこと）をたてた上で通報することが必要です。また，通報の結果どのようなことになる可能性があるか，サバイバーに伝えなければなりません。

　実際の危険のレベルをどう判断するか，というのは難しい問題です。危ないと思えばとにかく警察などに連絡するというのでは，逆に危険度を増すことにつながる可能性もあります。第三者に通報した場合，通常どのような結果になるか，前もって調べておく必要があります。そして，サバイバーに初めて会うときは，必ず守秘義務について，さらに通報義務と次に述べる警告義務について説明しましょう。

守秘義務の例外：警告義務

　警告義務とは，支援者などが，誰かの生命が脅かされていると判断したとき，本人に警告する法的・倫理的義務を指します。先に述べた通報義務とは違いますので，注意してください。通報義務は，警察や子ども保護機関，救急病院など第三者に通報して何らかの危機介入をしてもらうということですが，警告義務の場合は，本人が身を守ることができるように本人に連絡を取る，ということです。アメリカでDVに関する仕事をする時，特に加害者に直接対応している場合は，非常に大切な義務です。DVの場合，警告義務が発生する主なパターンが二つあります。サバイバーがバタラーに危害を加える恐れがある場合と，バタラーがサバイバーに危害を加える恐れがある場合です。両方の場合において，本気で危害を加えようとしているかどうかの見極めは，非常に重要です。

1. **サバイバーがバタラーに危害を加える恐れがある場合**：サバイバーが，「彼が死んでくれたらこんな苦労しなくても済むのに」や，「いっそのこと殺してやりたい」というような願望を話すことは，よくあります。し

かし，実際に危害を加える計画を立ててはいない場合がほとんどです。彼女の状況を話しても「誰もわかってくれない」，安全を確保するためにいろいろな手段をとってきたが「もう後がない」など，追い詰められた状態のサバイバーが，実際にバタラーを殺す計画を詳細に立てていて，その計画に現実性があるならば，危ない状態と判断していいでしょう。彼女のバタラーに警告するよりも，支援者がサバイバーの立場を理解しようとする態度で接し，計画を取りやめるよう説得することがまず必要です。サバイバーと話しながら，以下の事項を確認しましょう。

- サバイバーが本気でバタラーを殺そうとしているかどうか？（時，場所，方法の計画があるかどうか，現実的かどうか）
- サバイバーに十分なサポートがあるか？
- サバイバーが安全を確保するために，どれくらい選択肢が残っているか？
- バタラーがどれくらい危険か？
- 子どもが虐待されているか？
- 彼を本当に殺したら，どのようなことになるか考えてみたことがあるか？

　その会話の後，サバイバーが計画実行を踏みとどまったようならば，彼女が辛いとき，追い詰められたときに話ができるホットライン，支援団体の電話番号，いざというときに駆け込めるシェルターの電話番号など，できる限りの情報を準備しましょう。また，「支援者との約束」ということで，危害を加えようと計画していた時間帯にサバイバーが支援者に電話を入れるなど，その計画を踏みとどまって無事にしていることを確認するようにしておくことも，危害計画取りやめに役立つ一つのアイデアです。そして，サポートの輪を広げるために団体内の他のスタッフ，またはサバイバーに他に信頼できる人がいるならば，その人たちにも状況を説明し，応援を求めることが必要です。サバイバーが計画実行を踏みとどまらない場合，支援者がさらに危険と判断する場合は，警察，

病院などへの通報義務が生じてきます。

2. **バタラーがサバイバーに危害を加える恐れがある場合**：バタラーの場合はサバイバーのときと違った対応が要求されます。バタラーはすでに，パートナーに心理的，性的，身体的などの暴力を振るっているからです。その彼がもし，本気で，特に計画性をもってパートナーを殺そうと思っている，という情報を支援者が何らかの形で入手したならば，支援者は安全に逃げられるようにサバイバーに警告するべきです。支援者は通常，サバイバーと直接話すことがほとんどで，バタラーとは接触がないことが多いと思います。時には，サバイバーから「殺されるかもしれない」というようなことを聞くことになるかもしれません。その場合，以下の項目に関して質問してみてください。

- バタラーが本気で彼女を殺そうとしているかどうか？（時，場所，方法の計画があるかどうか，現実的かどうか）
- 彼は過去にどのような暴力を振るったことがあるか？
- 警察に捕まったことがあるか？
- 子どもが虐待されているか？
- 彼女を本当に殺したら，どのようなことになるか考えてみたことがあるか？

バタラーと話していて，彼がパートナーを殺そうとしているかもしれない，という可能性が暗示されたときも，同じように質問してみてもいいですが，バタラーが殺人の可能性や過去の暴力を否定することが予想されます。バタラーが否定しても，万が一のことを考慮して，バタラーには知られないようにサバイバーに警告し，安全確保のために計画を立てる（セーフティ・プラン）ことをお勧めします。

実際に危険を察知した場合，それがサバイバーの行動であろうと，またバタラーの行動であろうと，支援者には様々な働きが要求されます。サバイバーと周囲の人々の安全を確保するための具体的な方法については，第6章を参照してください。

境界線

　境界線とは，「制限や範囲を表示，あるいは定めるもの」です[3]。支援者には，自分と相手（サバイバー，同僚や上司，その他の関係者など）との間に境界線を引くこと，すなわち二人の関係を制限し，どの範囲まで立ち入ることが許されるのかを明確にすることが求められます。身体的，性的，感情的など，様々なところで境界線を引く必要があります。DV被害者の支援活動に携わる人のほとんどは女性で，かつ，DVやその他の暴力の被害経験，すなわち，加害者に様々な形で境界線を侵害されるという経験をしてきた人が大勢います。自身が，それらの経験や，受けた心の傷からの回復途上にありながら，他のサバイバーの支援をする決意をされた場合もあるでしょう。それゆえ，支援者各人，そして支援団体全体が，健康な境界線を保つ努力を惜しまないことが必要です。

　ここでは特に，支援者として，サバイバーとの境界線を引くにあたって注意するべき点を挙げますので，参考にして下さい[10]。

1. **支援者はサバイバーの自立を支援する**：エンパワメントの概念と，女性主導の支援を忘れないようにしましょう。サバイバーと支援者の力関係にも注意しなければなりません。「専門家」として様々な情報を持っている支援者が，その支援を必要としている相手に，自分の考えや意見，選択を押し付けるのは，権力濫用であり，境界線侵害です。支援者は，あくまでも，サバイバーが内に持っている力を彼女自身が活用できるよう，支援することに徹しましょう。どんなに目の前にいるサバイバーを助けたいと思っても，支援者には他人の人生を生きることはできません。
2. **多重関係を避ける**：支援者としてサバイバーと出会ったならば，彼女との関係は，支援関係のみにとどめなければなりません。多重関係を持つということは，支援関係以外の関係，例えば友人，恋愛，仕事などの関係も持つことです。そうすると，支援者とサバイバーの間の力関係の問題が生じてきます。例えば，支援者に友達になってほしいゆえ，サバイ

バーが支援者の言う通りの選択をする，ということがあるかもしれません。また，サバイバーが仕事に出ている間，支援者が子どもを見ていてくれるから，支援関係を絶ちたくても絶つことができない，というのも一つの例でしょう。さらに，支援者が男性で，支援を受けている女性が男性のパートナーから暴力を受けていたのならば，より一層の注意が必要です。単なる支援関係で生じる力の差に加えて，男女の社会的な力の差が顕著になるからです。そして，その場合もちろん，恋愛関係，とりわけ性的搾取に対する注意は必須です。困っている女性，それも男性パートナーからの暴力で辛い思いをしている，という「弱い」立場にある女性に対して，「守ってあげたい」という男性にありがちな願望があると，エンパワメント，女性主導の支援に反した行動をとりがちです。そうなると，支援どころか，大変な二次加害を引き起こすことになります。DV で男性パートナーから被害を受けてきたサバイバーが，男性支援者からも性的搾取などを受けるとなると，その傷はどんなに深いことでしょうか。

　被害者支援を始める決意をする前に，境界線の必要性をきちんと学び，理解し，それを守る決意をしなくてはなりません。そして，支援活動をするとき，必ず相手のサバイバーに，自分が支援者としてのみ接する必要があること，またその理由をきちんと説明しなければなりません。アメリカでは多重関係を持つ専門家に対する処分は，厳しく行われます。免許停止処分はもちろん，犯罪行為とみられるものは刑事処分にされます。日本でも支援者の多重関係，特に性的搾取に対して，支援団体や他の関係諸機関からも，厳しい取り扱いが必要です。このような約束事を守れない人は，支援活動をするべきではありません。

3. **自分のことをどれくらい話してもいいのか？**：支援者自身の個人的な経験について話すことで，信頼度が増すように感じることもあると思います。また，支援者自身が同じように DV の被害経験がある場合，「私のときもそうでした」と，話したくなるのも人情でしょう。自分の個人的

なことをサバイバーに伝えることが彼女の益になるかどうか，自問してください。自分がサバイバーであると，他のサバイバーに自分に役に立ったことを説明するなどの理由で，個人的な話をしがちなことがあります。それがいつの間にか，自分の話をすることが中心になってしまう，ということも起こります。特に，支援者自身が DV に関して，あるいは別の個人的な問題を抱えていたり，相談相手がいなかったりすると，サバイバーとの話し合いの中で自分のニーズを満たす，ということになる場合すらあるのです。

　支援者に求められていることは，話すことよりも，まず聴くことであることをしっかり覚えておきましょう。しっかりサバイバーの話を聴き，理解したいという態度で接するとき，自分の個人的な話を全くすることなく，信頼関係を築くことができ，よい支援関係を保つことができるはずです。

4. **贈り物を受け取ってもいいのか？**：基本的には，支援者は贈り物をサバイバーから受け取らない方が賢明だと思います。ある支援者が誰かからプレゼントを受け取った，という話が広がると，何か渡さないと相談にのってもらえない，などの誤解も起こりがちだからです。このように，ここでも力関係が問題になってきます。なぜこのサバイバーが贈り物をしようとしてくれているのか，そして，支援者がそれを受け取ることにどういう意味が生じるのか，考慮することも必要でしょう。例えば，支援関係が終了するとき，感謝の気持ちを表すために，サバイバーや子どもが小さなプレゼントをくれることもあるでしょう。それは，子どもの描いた絵や，小さなお菓子かもしれません。そういう場合は，相手の気持ちを汲んで，プレゼントを受け取っても支障はないかもしれません。それ以外のときは要注意です。

5. **線引きのヒント**：支援者や支援団体が，支援の内容について明確にサバイバーや外部関係諸機関に伝えることが，境界線を守る最初の一歩です。支援者自身が自分にできることとできないことを認識し，それをサバイ

バーに伝えることも大切です。そして，境界線を決めたら，その通りに行動しましょう。また，支援者が自分自身の個人的な問題に気づいたら，それを解決するようにしなければなりません。例えば，自身のトラウマ，人間関係の問題，家族の問題など，支援活動で境界線をはっきりさせなければならない場合に，個人的な問題が引っかかってくることがあるかもしれません。「おかしいな」と思ったら，すぐに上司や職務関係者，同僚などに相談しましょう。支援者自身にカウンセリングなど，専門的なサービスが必要な場合もあります。

　支援者個人が注意するのみならず，支援団体が倫理規定を定め，遵守するよう努力する義務があります。倫理規定を守るためのメカニズムとして，支援団体が支援者をサポートできるように，スーパービジョンを系統的に取り入れることも必要です。ここに，被害者支援倫理の10の基本[10]を記しますので，参考にしてください。

1. サバイバーの心身の安全を確保・促進することを最優先する。
2. サバイバーの秘密を厳守する。
3. サバイバーの意見，決断を尊重し，サポートする。
4. 個人に対する支援と組織や社会の改善を通した支援（システム・アドボカシー）の両方を提供する。
5. サバイバーに対して強制的，威圧的な手段を決してとらない。
6. 年齢，国籍，障がいの有無，教育レベル，宗教，性指向などに関わりなく平等に支援する。
7. サービス改善のために，サバイバーからの意見を取り入れる。
8. 自分ができる支援以外はしない。
9. 自分とサバイバーとの間に明白な境界線を引く。
10. 自分の知識や技術を高めるため，DVに関する研修に定期的に参加する。

二次加害

　DV の支援活動で生じる二次加害とは，夫や恋人から様々な暴力を受けたサバイバーが助けを求めたときに，支援者や支援団体が，再び何らかの形で害を加えることを指します。その結果，サバイバーや子どもの直面する危険度が増す，ということもあり得ますから，二次加害を防止することは非常に大切です。支援者個人や支援団体において，DV やその被害経験に関する理解が不足していたり，倫理規定が周知されていないと，二次加害を引き起こす危険性が高くなるといえます。ここに，二次加害の例を挙げますので，自分や自分の周りの支援者がこのようなことをしていないかどうか，チェックしてみてください[10]。

1. サバイバーを信じない。
2. サバイバーの能力を認識しない。
3. サバイバーの性格や行動に，「被害者だから」というレッテルを貼る。
4. なぜ暴力を振るう夫・恋人と別れないのか，あるいは彼の元に戻っていくのか，と質問する。
5. サバイバーの親・妻・パートナーとしての態度やスキルを責める。
6. サバイバーをモノやなんらかの現象であるかのように，「分析」する。
7. サバイバーの考え方や生活様式が，自分のものや自分の知っているものと違うと，批判する。
8. 大人のサバイバーを子どものように扱う。
9. サバイバーの個人情報を，自分のもののように扱う。
10. 相談に，迷惑顔で対応する。

　エンパワメントと女性主導の支援に忠実な支援を心掛ければ，支援倫理を守ることもできますし，二次加害を引き起こすことも少なくてすむでしょう。何らかの二次加害を起こしたことのない支援者はいないと思います。自分の

間違いにすぐ気づき，謝り，改める態度が必要です。支援者は，自分と支援を求めてくるサバイバーとの間に力の差があること，彼女が違う社会的背景・経験を持っていることなど，しっかりと理解して支援活動をしなければなりません。常に自分自身をチェックすること，そして定期的にスーパービジョンを受けることをお勧めします。スーパービジョンについては第9章を参照してください。

第5章　支援者に必要な技法

　支援者には，様々な場所で，様々な状況に対応できる能力が要求されます。もちろん，最も大切なのは，支援者の一つ一つの判断と行動が女性主導の支援になっているかどうかです。支援を必要としているサバイバー自身の知識・経験と今後どうしたいかという計画に基づいて，サバイバーとともに行う支援活動をするために必要な技法について，具体的に考えましょう。

コミュニケーション

　どのような支援をするにあたっても，必ず必要なのがコミュニケーションの技法です。ここでは特に，サバイバーのニーズを知り，共に支援活動を行うのに役立つコミュニケーション技法に重点を置きます。

傾　聴
　支援者がサバイバーの話や状況に興味を持っていること，そして注意深く聴こうとしていることを表現しながら，彼女から話を聴きだす技法のことを傾聴といいます[1]。ただ受身的に「聞く」のと違い，身を入れて積極的に「聴く」ということです。また，傾聴には，口頭で表現されたことを「聴くこと」に加えて，ボディー・ランゲージなど言葉によらない表現を「観察すること」，サバイバーが自分の考えや思いを表現することを「促すこと」，そして彼女が表現したことを「覚えること」が含まれます[2]。

　言葉で表現されたことでも，話す速度，声のトーンや話す量などによって，サバイバーの思いが言葉以上に伝わってくることがあります。また，顔の表情，体の動きや座り方などから，サバイバーの状態を察することもできます。

サバイバーと面接する際，彼女の話を聴くことはもちろん，彼女の存在全体に気を配らなければなりません。例えば，彼女がしっかり話をしていても，座り方を見ると，緊張している様子がよくわかる場合があります。彼女の緊張がほぐれるよう，支援者が自分の座り方を調節する，ねぎらいの言葉をかける，お茶をすすめる，相談室の様子を変えるなどもできるでしょう。あるいは緊張して当然の状況に置かれているかもしれませんから，必要であれば，何に緊張感を覚えているのか尋ねてみるのもいいかもしれません。

　サバイバーが自分を表現できるよう促すことは，必要な情報を得るためにプレッシャーをかけることとは全く違います。例えば，ぽつり，ぽつりとしか話さないサバイバーが彼女のペースで話せるよう，その場にいて彼女に気を配ること，彼女に注目し続けることが大切です。沈黙というのは，心地いいものではありません。話がとぎれたら，「どうしたらいいのかわからない」，あるいは「気まずいのでとにかく何か話してしまう」という支援者がいるかもしれません。とにかく彼女の話を聴くことが大切ですから，焦らずに一緒に沈黙してみてください。その沈黙の間に，もしかしたら彼女は何か一生懸命考えて話そうとしているかもしれませんから，下手に質問したりすると彼女の考えの流れを遮断してしまうかもしれません。

　サバイバーが自分を表現するのを促すために，支援者が使えるフレーズがいろいろあります。これらのフレーズを使うには，サバイバーの表現によく注意を払って覚えていることが必要です。彼女の言ったことをまとめたり，違う表現に置き換えてみたりすることによって，支援者の理解を深めることにつながります。ここにいくつか例を挙げますので，参考にしてください。

- ……と感じておられるようですね。
- ……のように聞こえますが，そういうことですか？
- 間違っていたら，教えてください。今おっしゃったのは……ということですか？
- ……ということが起こったんですね。
- 私の聴くところでは……のようですが？

このようなことを聞いたサバイバーは，もし支援者の理解の仕方が間違っていれば，それを指摘してくれるはずです。また，支援者が適格な理解をしていれば，それも教えてくれるでしょう。また，こうして支援者がよく注意を払って聴いていることが伝わると，サバイバーも支援者と落ち着いて話すことができると思います。

役に立つフレーズ[3]

　ここに挙げるフレーズは，面接の際，また電話で話をする際に，ただ単に情報を得るだけの会話ではなく，サバイバーを力づける会話にするために役立つフレーズです。参考にしてください。

1. **サバイバーの長所，強さを指摘する：**
   - ……さんの……（何らかの長所）があったから，ここまでやって来れたんでしょうね。
   - ……さんは大変な状況にいらっしゃるけれど，もうすでに……をしておられるのは，すごいことだと思います。
   - よく相談にいらっしゃいましたね。
   - 相談してくださって，よかったです。

2. **DV に関して正しい情報を伝える：**
   - 暴力は，振るう人の責任です。
   - ……さんには，安心して幸せに暮らす権利があります。
   - 他にも……（彼氏，ご主人，夫など，彼女の用いる言葉を使う）からの暴力で苦労されている方が，大勢いらっしゃるんですよ。

3. **サバイバーの経験を認識する：**
   - 大変なところを通って来られましたね。
   - ……と感じるのは，当然です。（悲しい，寂しい，辛い，腹が立つ，などの感情）
   - わたしは……さんを（の話してくださったことを）信じます。

4. **次のステップを提案する：**

- じゃあ，どうやって安全を確保するか，考えましょう。（セーフティ・プラン）
- ……というサービスがあります。（サバイバーの現在のニーズに合うもの）
- わたしは……さんのことが心配です。もしまた暴力を振るわれたら，どうすればいいか，話し合いませんか？

　普通，サバイバーは何度もためらった挙句，やっとの思いで支援を求めてきたりします。そこでねぎらいの言葉，勇気を褒める言葉，そして彼女の存在を大切に思う態度で支援者が接することができれば，サバイバーも安心して支援者との共同作業ができるでしょう。

コミュニケーションのＮＧ！[3]

　支援者も人間です。悪気はなくても相手を傷つけるようなことを言ってしまったり，二次加害になるような対応をしてしまったりすることもあるでしょう。ここに挙げるのは，サバイバーとのコミュニケーションのバリアになるものです。あなたのコミュニケーションの仕方はどうでしょう。当てはまるものがあれば，即座にやめるようにしましょう。

1. **指図，命令する**：「そんな男とは別れなさい」，「仕事に出なさい」など，サバイバーがするべきことを支援者が決めて指図すること。
2. **説教，説得する**：支援者の思い通りにサバイバーが動かないとき，何が一番いい選択かなど，支援者がサバイバーの思いを無視して教え諭すこと。支援者が「正しい人」，サバイバーが「間違っている人」という構図になってしまいます。
3. **批判，否定，非難する**：サバイバーの決断や行動，あるいは性格や態度を批判したりすること。彼女にもDVの責任があるような印象を与えてしまいます。
4. **尋問，詰問する**：執拗に答えを迫ったり，必要以上の質問をしたりすること。

5. **忠告，指導する**：支援者の考えに従った決断や行動をするように，提案すること。サバイバーの意見，今後どうしたいかという考えなどが支援者の理想と違っても，安全を考慮しつつ，サバイバー自身の希望通りの行動を取れるように支援することが大切です。
6. **同情する**：サバイバーに対する哀れみから，過剰なサポートをすること。サバイバー自身の強さや能力を軽視することにつながります。
7. **自分の状況や考えを相手に当てはめる**：自分の経験から，サバイバーは「こう思っているに違いない」，というように，彼女の感情や行動の動機などを決め付けること。支援者とサバイバーは，たとえ似たような年齢，社会的背景などを持っていても，違う個性を持っていることを忘れてはなりません。
8. **行きすぎた冗談を言う**：被害経験について聞くのは，支援者にとっても辛いことです。その不快感や恐怖感を覆うために，冗談でごまかしてしまうようなことがあるかもしれません。支援者が毎日のように経験する不快感などに対応していくためにも，スーパービジョンなどのサポートが必要です。
9. **相手の言葉をさえぎる**：サバイバーが言おうとしていることを最後まで聴かず，支援者が話をさえぎること。支援者にとって一番大切な仕事は，聴くことです。
10. **会話を独占する**：サバイバーとの会話の中で，支援者の話が中心となり，支援者の思う方向に会話を進めていくこと。サバイバーの話が中心でなければなりません。
11. **トピックを次々変える**：サバイバーが理解していないのに，支援者が次々に会話の方向を変えていくこと。
12. **他のことを考える**：サバイバーとの会話の最中に，支援者がサバイバーに集中できていない様子。トラウマ経験者の話をいつも聴いていると，心理的に飽和状態になることがあります。体はその場にいても，支援者が他のことを考えたりするような自己防衛が自然に働き，サバイバーの

話していることを聴かないようにしてしまうのです。また，心身ともにとにかく疲れてしまった，という場合もあるでしょう。これが続くようならば，二次トラウマの可能性もありますので，スーパービジョンで話し合い，支援者自身がセルフ・ケアをしていくことが必要でしょう。詳しくは，第9章を参照してください。

人を助ける仕事をする人には，自然にコミュニケーションの能力を身につけている方が大勢おられます。その自然に持っている能力に加えて，特にコミュニケーション技法として気を付けることによって，サバイバーとの話し合いがより一層改善されることにつながります。今一度自分の技法を見直し，必要があれば努力して改善しましょう。

危機介入

危機とは，個人が危険，あるいは恐怖感を抱くような状況に直面し，通常の対処方法では対処することができないため，混乱あるいは不安定な精神状態に陥ることです[4]。危機は，その状況や事件そのものではなく，それに対して個人が恐怖，ショックなどで反応する状態のことを指します。人はそれぞれ違うレンズを通して状況を見るため，ある人にとって非常な危機に陥るような状況でも，他の人にとっては大したことにならない場合もあります。その状況や事件が，自分のニーズを満たすこと，心身の安全，また存在意義を脅かすものである，と感じるとき，そしてそれにうまく対処できないとき，人は危機に陥ります[4]。

ところで，「危機」に使われている漢字を見てください。「危機」は，「危険」と「機会」から成り立っています。「危機」は危ない状態ではありますが，また何らかの「機会」にもなりうるのです。「危険」をどのような「機会」にしていくかは，どのような対応がなされるかにもかかってくるでしょう。DVの場合にも，危機に直面しているサバイバーに的確な対応をすれば，

この危機を安全確保や成長の機会へと転進させる手助けができます。サバイバーが危機から抜け出したときに、知恵を増し、自信を付け、危機をもたらした状況が起こる前よりさらに強くなることができるのです。

危機介入の7つのステージ

社会福祉学博士、アルバート・ロバーツ（Albert R. Roberts）の「危機介入の7つのステージ」によると、一般的に危機に直面している人のカウンセリングは、何回かのセッションに分けて行う場合が想定されています[4]。ここでは、ロバーツのステージを参考にして、DV被害者支援に適切な危機介入の仕方を提案したいと思います。一度のみ、あるいは連続して支援する場合でも、参考になるはずです。

1. **話しやすい雰囲気を作る**：周囲の音や部屋の配置、照明など、普段から気をつけておくことができます。危機状態にあるサバイバーと面接するときには、支援者自身の声のトーンや表情、座り方などにも気を配りましょう。
2. **危険度をチェックする**：電話でも、面接でも、カウンセリングの現場でも、サバイバーと接するとき、彼女が危険な状況にあるかどうか気を配らなければなりません。サバイバーと接触するたび、毎回危険度のチェックをするようにしましょう。第6章で、実際の危険度チェックについて述べますので、ここでは割愛します。
3. **サバイバーの感情を感じ取り、サポートする**：取り乱していたり、落ち込んでいたり、ショックで何も感じられないなど、危機状態にあるサバイバーは様々な感情を体験しているはずです。まず、支援者はそれを感じ取り、必要に応じてそれを彼女に伝えましょう。サバイバーの言葉や考えを遮ることなく、「辛かったですね」、「それはショックだったでしょう」などと声を掛けることで、サバイバーも支援者のサポートを感じることができると思います。
4. **サバイバーにとって何が問題、心配事なのか確認する**：危機を経験して

いる人は，困惑していて何がなんだかわからない，という状態になっていることがよくあります。話をよく聴いて，サバイバーと一緒に物事を順序だてて考えるようにしましょう。その共同作業の中で，一番困っていること，恐れていることなどが明確にされてくるでしょう。サバイバーにとって最大の関心事は，支援者のものと全く違うことがありますから，自分の中で仮定したことに縛られないように注意してください。

5. **セーフティ・プランを立てる**：サバイバーが問題としていることを考慮しつつ，今後，どのようにして危機の状況に対応していくことができるかを考えます。彼女が今まで使ってきた対処法を基にすることが一番賢明です。DVサバイバーとの接触では，毎回セーフティ・プランをたてることをお勧めします。セーフティ・プランの詳細については，第6章で述べます。

6. **次のステップを計画する**：今，電話を切ってからどうするか，相談室を出た後どのようにして家に帰るか，今晩夫が家に戻ってきたときどうするかなど，支援者との会話が終わったあとの行動から，場合によっては次に支援者と話をするときまで，具体的に計画しておくことが役立ちます。混乱していたサバイバーとの話を最後にまとめる役目も果たしますので，ここまで話してきたことを彼女がどれくらい理解しているか確認することもできます。

7. **フォローする**：サバイバーが安全を守れたか，危機の状態から脱することができ，新しい対処法を有効に使うことができたかなど，後に確認するのがフォローです。このときに，最後の危機介入時のセーフティ・プランや，危機の対処法などが有効でないことが判明すれば，また新たな方法を考えることができ，サバイバーの安全確保につながる可能性があります。しかし，支援を求めていることがバタラーに知られると危険な場合がありますので，フォローができるかどうかは，必ずサバイバーと話し合って決めてください。もしフォローが可能ならば，実家に戻ってから支援者に電話をする，次回の面接の時に話す，必要があればいつか

電話するなど，サバイバーがその方法を決めることが肝心です。

　危機介入は必ずこの順番で行われなければならない，ということではありません。例えば，ステージ1～4は，会話の最中，支援者が常にアンテナを張っておかなければならないことです。また，次のステップを計画しているときに，実はサバイバーの最大関心事は他にあった，ということがわかる場合もあるでしょう。危機介入時には，臨機応変な対応が求められます。

様々な感情に対応する

　電話でも，面接でも，サバイバーが様々な感情，特に怒りや悲しみ，不安などの辛い感情を経験していることが強く伝わってくると，支援者自身も途方に暮れることがあると思います。その辛い感情を軽減し，とにかく幸せな感情を持って欲しいと思うこともあるかもしれません。果たしてそれは，サバイバーの支援につながるのでしょうか？

　私たちの感情には意味があります。感情は，私たちが外部とつながりながら生き延びることを目的に，私たちの内部から出されるサインです。また私たちが外部の状況をどう分析するかに左右されます[5]。例えば，私たちは「怖い」という感情によって，外部から与えられている何らかの脅威に気づくことができ，逃げる，助けを求めるなどの行動に出ます。その恐怖の源を自分でコントロールできないと分析すれば，その「恐怖」の感情はますます強いものとなるでしょう。感情は，私たちと外部の環境とに変化をもたらす行動や現象を起こすきっかけとなりますが，その変化がもたらされると，もう必要はありません[5]。ですから，サバイバーの経験している感情は辛いものであっても，自分が何を必要としているかを知る，大切なプロセスを通っていると言えるでしょう。

　ここに例として，いくつかDVサバイバーがよく経験すると思われる感情を挙げます[3]。それらの感情が何を示すのか，また，その感情から回復するプロセスをどのように支援できるかを考えてみましょう。

第5章　支援者に必要な技法　　103

1. **不安**：不安は，先が見えないときや何が起こるかわからない時に経験する感情です。支援者に助けを求めるサバイバーは，信じてもらえるかどうか，どんな質問をされるかなど，当然不安を感じることでしょう。もちろん，DV自体も，いつ殴られるかわからない不安，来月の家賃を夫が家に入れてくれるかどうかわからない不安など，不安要素がたくさんあります。まず，支援者が落ち着いて，彼女と接することが第一です。そして，彼女の話をしっかり聴き，その話を信じていることを伝えましょう。彼女のような状況に置かれたら不安を感じることが当然である，ということをサバイバーに伝えることも，落ち着きを取り戻すのに役立ちます。また，その経験している状況に応じて，今後どのようなことが起こると想定されるかという情報を提供することも不安解消に役立つでしょう。例えば，保護命令は何かという説明だけでなく，どこでどのような手続きをする，どういう経過をたどって何日くらいで保護命令が出るか，保護命令が出された後どのようなことが予想されるかなど，できるだけ詳細に説明することで，不安材料は減るでしょう。

2. **恐怖**：脅迫・威嚇や身体的・性的暴力をパートナーから受けてきた女性が恐怖を感じるのは当然のことです。恐怖を感じることよりも，それゆえに精神や生活の状態にマイナスの影響があることが問題となります。例えば，怖くて眠れない，呼吸困難になる，感情の浮き沈みが激しくなるなどは，サバイバーが日々経験する問題です。またその恐怖の源である出来事が起こるかもしれないという不安が，この恐怖の感情と同時に起こることもあるでしょう。前述の「不安」に対応するときと同じように，支援者は落ち着いて対応すること，そして怖いと感じて当然の経験をサバイバーがしてきたことを伝えましょう。セーフティ・プランをしっかり立てること，不安材料を取り除くことが，恐怖の感情にうまく対応するサポートになります。

3. **怒り**：怒りは，自分対して何か不正なことが行われた，ということを教えてくれます。DVは愛するパートナーによって振るわれる，時につか

みどころのない暴力，という複雑な不正行為ですから，すぐに怒りの感情を持つことができないこともあります。「怒り」という感情そのものは，暴力などと直接結びつけられ，否定的に見られがちです。しかし，実は回復に必要なエネルギー源にもなり，他の様々な感情を活性化することもあります[5]。丁寧にサバイバーの話を聴き，理解を示し，サポートしていきましょう。特に長期にわたって暴力に耐えたサバイバーの場合，怒りも長期にわたって抑えられていて，支援を求めてくるころにようやく表面化してくる場合があります。また，支援者に対して怒りを発するサバイバーもいたりします。支援者は落ち着いて，その怒りを自分に対する直接の怒りだと取らないようにしましょう。また，同じように怒って対応することは，状況を悪化させます。サバイバーが強い言葉で支援者を攻撃してきても，静かな声で，ゆっくり話すようにしてみてください。また，怒りの感情は，DV を経験した人にあって当然の感情であることも伝えましょう。少しずつでも，怒りが静まり，落ち着いて話ができ，次の必要なステップに移ることができると思います。

4. **恥ずかしい**：DV サバイバーの経験する「恥」の感情は，「不安」や「怒り」のようにはっきりとしたものより複雑で，様々な経験や環境に影響され，歪んで作り上げられたものです。DV など暴力の被害者は，自分自身が何も悪いことをしていなくても，罪悪感を感じたり，被害を受けたことを恥ずかしいと思うことがよくあります。いつもバタラーに批判されてきたなどの経験から，自尊心が低くなっていたり，自責の念の強いサバイバーも大勢います。DV は被害者のせいではないこと，他にも同じような経験をしている人がたくさんいることなどを伝えましょう。また，あなたが気づいたサバイバーのよいところや行動を褒めたりすることも，恥の感情を小さくすることにつながります。他にも集中力が鈍ったり，いつも寝ていたいというようなうつ症状に悩まされ，それらを恥ずかしく思っているときには，それも DV サバイバーによくある反応だと伝えましょう。自分だけではない，普通の反応だということが強調

されると,少しずつ恥の感情も消えていきます。この歪んだ感情が取り除かれると,DVのトラウマからの回復も早くなるでしょう。

様々な感情を抱えて相談に来るサバイバーと接するとき,支援者は臨機応変にいろいろなことに気を配らなければなりませんが,最終的には,次の7つのポイント[3]が重要になってきます。
1. サバイバーを信じる。
2. サバイバーの感情の変化に戸惑わない。
3. わかりやすい話し方をする。
4. 同じことを何度も繰り返す必要を理解する。
5. 客観的にDVについて説明する。
6. 即時の決断を迫らない。
7. 安全して生活する基本的な権利が誰にでもあることを伝える。

うつや自殺について

DVは,サバイバーの精神に大きな負担をかけます。第3章でも述べたように,うつ症状がある人も大勢います。特にうつの状態が長く続いた場合など,自殺願望を持つ人も出てきます。

1. **うつ症状のあるサバイバーに対応する**：支援者が専門家でない限り,うつ病の診断を下すことはできませんし,うつの症状があるからといって,必ず正式な診断が必要なわけでもありません。次のような症状[6]が毎日のようにあるサバイバーは,うつを経験しているかもしれません。
   - 気分：サバイバー自身が,落ち込みや沈みを感じている。あるいは周囲からもそう見える。
   - 物事に対する関心：以前は楽しめたことが楽しめなくなったり,できたことができなくなったりしている。
   - 食欲：食欲の減退,あるいは増加がみられる。特に何らかの食事療法をしているわけでもないのに,体重の増減が激しい。

図4 うつ症状のあるサバイバーに対応する場合[7]

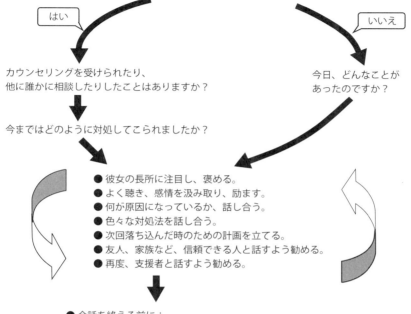

- 睡眠：眠れない，あるいはいつも寝ていたい。
- 疲労：通常の睡眠では疲れが取れず，いつもとにかく疲れている。
- 自尊心：自分を過小評価したり，責めたりすることが多い。
- 集中力：集中したり，記憶したりするのが困難な様子で，気が散ったり，自分のしていることを忘れたりすることが多い。
- 死について：死にたいと思うことが多い，あるいは自殺の計画があったり，自殺未遂をしたことがある。

サバイバーが最近になって，暴力を振るわれるなどトラウマの経験をしていたり，パートナーと別れる，家族を亡くすなどの経験をしている場合，うつ症状はよくある反応で，時が経つにつれてよくなる可能性は大いにあります。それを知ると，サバイバーも安心すると思います。また，これらの症状が最近始まったことで，支援者と話をすることで精神的に楽になるならば，一時的なうつ症状かもしれません[1]。しかし，このような症状が何か月，あるいは何年も続いているサバイバーも大勢います。そのような場合，DVの状況が改善されたり，サバイバーが支援によって力づけられれば，うつ症状が改善するときもあります。しかし，周りの状況の改善だけでは彼女のうつ症状がよくならないこともあります。そのようなときには，精神科，心療内科などの専門家に紹介した方がいいでしょう。DVを理解している専門家がいれば一番よいですが，そうでなければ，サバイバー本人の承諾を得て，専門家にDVについて理解してもらえるよう説明するというのも，支援であることを忘れないでください。また，専門家に紹介した後も，必要であれば，支援を続けていくことも大切です。

　うつ症状のあるサバイバーと会話をするとき，図4を参考にしてください。

2. **自殺願望のあるサバイバーに対応する**：うつ症状を経験しているサバイバーは，もしかしたら自殺願望を持っているかもしれません。怖がらずに，質問してみてください。実際に行動に移すかどうかは別として，落ち込んだ経験のある人は，大抵少しでも「死にたい」，あるいは「死ねたらどんなに楽だろう」と思ったことがあるはずです。もし，強い自殺願望があったとしても，支援者と話すことによって，「危険」が「機会」に変わる可能性が大いにあります。「死にたい」思いを抱えているサバイバーと接するとき，次のことを覚えていてください[1]。

- とにかくサバイバーの話を聴くことに徹する。
- 支援者のあなたが心配していることを伝える。

図5　自殺願望のあるサバイバーに対応する場合[7]

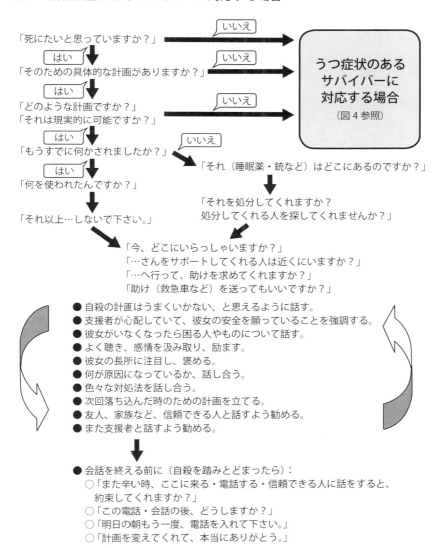

第5章　支援者に必要な技法

- サバイバーの言っていることがわかりにくかったり，アルコールなどで酔っているような様子であっても，彼女の話を真剣に聴く。
- もし電話ならば，周りにいる他のスタッフに，自殺願望のある人と話をしていることを伝え，万が一のときのためのサポートに当たってもらう。
- 電話の場合，何らかの安全策にたどり着くまで切らない。

　図5は，自殺願望のあるサバイバーに電話で対応する場合を想定していますが，電話以外のときでも，大筋このように対応することができると思います。図にある言葉は例ですので，サバイバーの返答に応じて，臨機応変に質問をしてください。また，支援者の対応の後でも自殺の可能性が強い場合は，通報義務が発生します。他のスタッフなどと協力して，警察や救急車などの手配をする必要があるかもしれません。

電話相談

　DV被害の相談を受け付けてくれるところとして周知されていると，何らかの形でサバイバーからの電話がかかってきます。危機に直面しているサバイバーからの電話で何らかの情報が求められる場合もありますし，または単に誰かと話したい，という人からの電話もあるでしょう。電話に出る支援者には，電話の向こうにいるサバイバーのニーズをできるだけ早く，適格に捉えるスキルが要求されます。

　面接と違い電話では，声のみに頼らなければなりません。相手の様子を見て話を進めることができません。また，声が小さくて聞こえにくかったり，日本語を母国語として話さない人のアクセントなどから，サバイバーの話を間違って理解してしまうこともあるでしょう。逆に，電話は匿名にできるので，サバイバーが安心して心配事などを打ち明けることができるかもしれません。このような長所と短所を理解した上で，電話でも女性主導の支援を行いたいものです。

電話相談に必要な技法[3]

　この章でこれまで述べてきたコミュニケーションや危機介入の技法を，電話対応でも十二分に生かすことができます。それらに加えて，言葉でしか会話ができない電話だからこそ，注意しなければならないこともあります。電話対応の際に，まず念頭に置いておかなければならないことは次の二つです。

1. **今この瞬間，危険な状態にあるのか？**：バタラーからの暴力，サバイバー自身の自殺の可能性，子どもの虐待の可能性など，様々な危機が予想されます。通報義務や警告義務の発生，電話でサバイバーや周囲の人々の安全をどこまで図れるか，支援者がどの機関や団体と連絡調整をするのかなど，状況に応じて様々な対応が要求されます。支援団体には，このような状況に対応するためのガイドラインが必要です。危険な状態にあるかどうか聞き出す質問としては，「今，電話していても大丈夫ですか？」，「今，安全な所にいらっしゃいますか？」などがあるでしょう。

2. **なぜ今，電話してきたのか？**：「ずっと我慢してきてもう耐えられない」，「前から助けを求めようと考えてきた」などの思いをもってサバイバーは電話してくると思います。また，初めて殴られた，子どもにも暴力を振るうようになったなど，電話をかける直前に何らかの事件があったことも考えられます。そのあたりを知ることは，彼女の状況を理解することにつながりますし，後のセーフティ・プランにも役立ちます。「前にもお電話いただいたことありますか？」，「今回電話しようと思われたのには，何か事情があるのでしょうか」などと，質問してみるといいでしょう。

　以下は，電話対応の際に必要なスキルです。参考にしてください。

1. **危険度をチェックする**：面接の場合，今この瞬間は安全なところにいる，と支援者にわかりますが，電話の場合は全く相手の状況がわかりません。安全な状態で電話をかけてきているかを聴いてみることも大切です。
　＜例＞「今，電話で話していて危なくないですか？」，「近くにお連れ合

いがいらっしゃるのですか？」など。
2. **電話をしたのは正しいことだったと伝える**：ためらいながら，支援や情報を求める電話をかけてくるサバイバーが大勢おられます。快く電話を受け，安心してもらいましょう。
   <例>「同じような経験をされている方のために，私たちは相談をお受けしています」，「同じような経験をしている他の女性たちから，よくお電話いただきますよ」など。
3. **相手にわかりやすいよう，ゆっくり正確に話す**：支援者側にサバイバーの声が聞こえにくいときがあるように，支援者の声がサバイバーに聞き取りにくいこともあります。普段の自分の話し方の癖，声量などを理解し，特に注意して話しましょう。
4. **サバイバーの言葉を使う**：フェミニストとして「夫」，「パートナー」など，男女平等に基づいた言葉遣いを心がけている支援者も大勢おられると思いますが，初めて電話をかけてきたサバイバーにとっては馴染みにくいでしょう。「サバイバー」や「バタラー」もそうです。特に，相手の男性を見下していると思われるような言葉を使わないよう気をつけましょう。サバイバー本人が使っている言葉を使うのが一般的には賢明だと思います。例えば彼女が「主人」と言えば「ご主人」，「彼氏」といえば「彼氏」など。
5. **情報を与えすぎない**：初めて聞いたこと，専門用語が入った情報などを一度にたくさん受け取ると圧倒されてしまい，かえって使い切れないということがよくあります。そのとき一番必要なものは何か話し合って，必要に応じて少しずつ情報を提供するのも一つの手です。
6. **電話を通して伝わってくる感情に気を配る**：切羽詰って電話してくるサバイバーもいます。声しか聞こえなくても，よく注意すると，いろいろな気配が伝わってきます。その気配から伝わってくる感情を理解しようとしていることを伝えることにより，支援をよりよく進められます。
   <例>「落ち込んでいらっしゃるように聞こえますが，大丈夫ですか？」，

「寂しい思いをしておられるみたいですね」など。

7. **サバイバーの返答を繰り返す**：サバイバーの返事をしっかり聴いている，大事に思っている，という印象を与えることができます。また，電話では面接の場合より聞き間違いが多いと思われますので，間違ったまま会話を進めるのを防ぐ役目も果たします。

　　＜例＞「……昨日お家を出られたんですね。」，「……離婚はしたくないんですね」など。

8. **「どうして」，「なぜ」という質問を避ける**：このような質問は，批判しているように聞こえますし，尋問・詰問されているように感じるものです。面接のときもそうですが，特に電話の場合はサバイバーにも支援者の真意が伝わりにくいので，より注意することが必要です。「なぜ」という質問が必要であれば，他の言い方を考えてみましょう。

　　＜例＞「そうなったのには何か理由があるのかしら」，「そう思われた理由を，よかったら教えていただけますか？」など。

　支援者に必要な技法は，練習し経験を積むことによって体得でき，改善していくことができます。また，スーパービジョンや支援者同士の話し合いなどの中で，お互いから学び合うこともできます。定期的なスーパービジョン，またスキル・アップのための研修の場を提供することは，支援団体の責任だといえるでしょう。

第6章　サバイバーの安全確保

　支援者にとって，サバイバーの安全を確保する働きは，最優先事項です。どのような場面でも，支援者の最終的な目標は，サバイバーと子どもを含めた周囲の人々の安全を確保することです。この章では，女性主導の支援に基づいた安全確保について説明します。

サバイバーが経験する危害

　安全確保の支援をするためにまず必要なのは，サバイバーがどのような危害を経験しているか，また今後どのような危害を受ける可能性があるか理解することです。そのサバイバー個人に特有の危険，彼女の生活一般の状況などを汲み取って，安全確保を進めていかなければなりません。また，サバイバーがその危険な状況をどのように分析し，それに対してどのような行動を取ってきたか，また取ろうと考えているかも，女性主導の支援をするには欠かせない情報です。
　サバイバーが経験する危害には，大きく分けて二つの種類があります。「バタラーによる危害」と，「生活全般の問題における危害」です。

バタラーによる危害[1]
　バタラーの様々な暴力は，直接サバイバーと子どもたちの安全を脅かします。バタラーの暴力によってどのような危害をサバイバーが経験するのか，そして彼女がそれをどのように分析し，それゆえにどのような決断を下していく可能性があるのか，考察します。
1. **身体的・性的危害**：一般的に，身体的・性的暴力を受けている女性は，

病気やその他の医療問題を抱えることが多いとの研究結果が，アメリカでいくつも発表されています[2]。あざ，骨折，切り傷など直接的な負傷のみならず，頭痛，しびれ，身体的障がいなど，二次的に加わる危害もあります。殆どのDVは，重度の負傷や死に至るものではありませんが，女性が重度の暴力や死の恐怖を経験していることを示す調査結果はいくつもあります[3]。例えば，一般的には男性のほうが女性よりも殺人被害にあう確立が圧倒的に高いにも関わらず，DV殺害の場合は，女性が殺される割合が男性の6倍にも上るということです[3]。日本でも，2011年に行われた内閣府の調査において，配偶者から命の危険を感じるほどの暴力を受けたことがある，と答えた女性が20人に一人の割合でいました[4]。そこで安全を図るために，バタラーと別れる決意をする女性もいることでしょう。しかし，身体的暴力は，別れた後も続いたり，別れた後にひどくなったり，また別れてから始まることも多いという調査結果が多数あります[5]。さらに，女性がバタラーと別れる前後は，性暴力の被害に関しても危険な時期だということです[6]。別れるということは，新たな危害の可能性につながるという認識が必要です。

2. **心理的危害**：バタラーは，彼女を馬鹿にする，脅すなどして，心理的に落ち込ませます。精神的な支えになるような家族や友人と連絡をとることをやめさせられたり，学校や仕事・趣味など彼女の興味の対象を遠ざけるなど，サバイバーは孤立を余儀なくされることがよくあります。バタラーが彼女の様々な能力を批判し，彼がすべての決定権を持つのもよくあるパターンです。身体的虐待よりも心理的虐待からの危害の方がより深刻だった，と70％以上のサバイバーが報告しているという調査報告もあります[2]。心理的危害が継続的に加えられ，うつや不安症などの徴候があって医師にかかっていたり，薬を定期的に服用している場合もあるでしょう。また，寂しさや辛さを紛らわせるために，自らアルコールや薬物などに手を出すサバイバーもいますが，バタラーに強要されて依存し始めてしまう場合もあります。身体的暴力や性暴力も，サバイバ

ーにとって心理的なダメージにつながることを忘れてはなりません。その経験から，PTSDの症状をを経験しているサバイバーも大勢います。さらに，DVの手段の一つとして，ストーキング（ネットや携帯電話を使う場も含む）を経験するとき，サバイバーのストレスや不安度，うつの症状もひどくなるということが，多くの研究で明らかにされました[3]。また，身体的・性的暴力を繰り返し受けた女性は，特に多大な心理的危害を経験するということです[2]。

3. **子どもに関する危害**：子どもが直接虐待をうけているか，母親に対する虐待を目撃しているか，そしてバタラーと共に過ごす中で子どもにどのような影響が出ているか，というのはサバイバーにとって大きな関心事です。バタラーが子どもを直接的に虐待したこと，あるいは子どもの目の前で暴力を振るわれたことなどをきっかけにバタラーと別れることを決意するサバイバーが多いということです[2]。また，別れたとしても，彼女の収入で子どもを養うことができるか，一人で子どもを育てていくことができるか，子どもを取り上げられるのではないかという不安などは，サバイバーが今後の生活を考える上で重要な問題です。

4. **経済的危害**：DVを経験している多くの女性たちが，完全に，あるいは部分的に，加害者である男性の経済力に頼っているケースがかなり多いと思います。バタラーが，経済力を利用して危害を加えることは容易です。生活費を渡さない，経済的決定権をすべて持つ，「誰のお陰で生活できると思ってるんだ!?」に代表される経済・心理的虐待。また，物を壊す，隣・近所に迷惑をかける，賃貸住宅の場合それゆえに引越しを余儀なくされるなど，経済的に大きな負担になることもあります。さらに2003年発表の全米調査では，仕事をしているDV被害女性の経済状況に，パートナーの暴力が大きな影響を与えていることが明らかになりました。この調査では，パートナーによるレイプ被害に遭った女性の21.5%，身体的暴力を受けた女性のうち17.5%，ストーキングされた女性の35.3%が，被害のゆえに仕事に支障があったということです[7]。

日本では特に，雇用問題，保険や年金制度の問題などを考えると，女性が一人で生きていくことが非常に厳しい選択であることは明確です。サバイバーの経済的自立は，日本で支援する際にも大きな課題でしょう。

5. **家族や友人への危害**：サバイバーを家族や友人から遠ざける，というのは典型的なバタラーの虐待の手段でもあります。それはなぜかというと，サバイバーにとって家族や友人は，彼女の活力の源，精神的・経済的な支えであり，大切な情報源であるからです。家族や友人からのサポートがあるサバイバーは，PTSDの症状があっても軽度である，という研究結果がアメリカではいくつか出されています[2]。妻や恋人を自分の思い通りに操るために，彼女の家族や友人が邪魔であることは，バタラーにとって明白な事実です。それゆえ，サバイバーを助けてくれる家族や友人を遠ざけるために脅す，その家屋や所有物を棄損する，身体的危害を加える，というのはよくあることです。迷惑を掛けることを恐れて，家族や友人から距離を置く決意をするサバイバーもいれば，家族や友人の方から，危害を恐れて援助をやめることもあるでしょう。さらに，DVの理解不足から，援助をしようとしている人が，サバイバーがバタラーと別れないことに業を煮やして彼女を責めるようなこともあるでしょう。サバイバー自身も，自分が虐待を受け続けていることを恥ずかしく思い，家族や友人に助けを求められない場合もあるということです[2]。

6. **婚姻・恋人関係，家族関係の喪失**：暴力を振るわれても，バタラーに対して愛情を持っていて，できるならば，別れるよりも暴力をやめて優しいパートナーになって欲しいというのが多くのサバイバーの本音ではないでしょうか。別れることは，一人になることでもあり，孤独に直面することと受け取る人もいるでしょう。特に結婚生活が長い場合など，「○○さんの奥さん」，「○○ちゃんのお母さん」などと，自分の存在意義が夫との関係や夫と築いた家族と密接につながっていて，それらを失うことは自分を失うことと等しく感じることもあるでしょう。さらに，年齢を重ねるにつれて，どの年代のサバイバーも，独身になる寂しさや恐れ，

離婚に対する社会的な批判などをを考えるのではないかと思います。特に，独立して働いて生計を立てる経験をしたことがないサバイバーにとっては，彼と別れるということがとてつもない大仕事につながっていきます。

7. **逮捕や法的措置に関する危害**：麻薬・ドラッグの服用や売買，窃盗，売春など，サバイバーが何らかの形で違法な活動に参加していれば，バタラーは逮捕の恐怖を利用して，彼女を簡単に支配できるでしょう。その違法な活動が，バタラーに強要されたものであってもです。またアメリカの場合は，第1章で述べたように逮捕制度の改革により，DVの現場で被害者が逮捕されるという事態が起こっていますので，それを恐れるサバイバーも大勢いるわけです。また，外国籍のサバイバーが不法滞在している場合，バタラーが強制送還などを脅しに使うのは容易なことです。実際には法的措置の可能性が低いような状況でも，異国の地にあって，現地人である夫や恋人にその国の法律のことで脅迫されれば，外国人のサバイバーはその脅しを真実と受け止めて当然でしょう。

生活全般の問題による危害[1]

　サバイバーが安全を図ろうとするとき，バタラーが直接的に作り出す危害に加えて，社会的・環境的問題，生活全般の問題が危害となります。これは特にサバイバー個人の立場や生活，育てられた環境などによっても大きな違いがありますから，支援者がサバイバーに対する偏見を意識的に捨てて，彼女の話を聴くようにしなければなりません。また生活全般の問題をうまく利用して，バタラーがさらに虐待の手を広げるのもよくある構図であることを，覚えておきましょう。

1. **経済的問題**：バタラーの言動とは関係なく，サバイバーが経済的な問題に直面する場合もあるでしょう。例えば，景気が悪く，サバイバーや彼女の夫の働いている会社でたくさんの社員が解雇されたりする場合がそうです。家庭の経済状況が困難になり，別れるための準備をする余裕が

なくなったり，DV に関して支援を求めるよりもとにかく仕事を探すのが先決，という状態かもしれません。アメリカで女性のホームレス人口の増加が著しく見られた 1980 年から 1990 年代の調査では，DV から逃げたものの他に住むところが見つからなかった，というのも女性がホームレスになった理由の一つだったということです[2]。一般的に見られる男女の収入格差も，女性が大多数を占めるサバイバーの経済的な問題につながります。2012 年のアメリカの調査では，フルタイムで働く男女の収入を比較すると，女性は男性の 77％に満たなかったということです[2]。さらに日本では，女性の収入は男性の 70％未満と 2010 年度の厚生労働省の調査から報告されています[9]。特に子どもがいる場合，経済的問題は，別れる，別れないという選択を左右する大きな理由だといえるでしょう。

2. **居住地に関する問題**：都市から離れた地域に住むサバイバーの場合，相談したり支援を求めたりできる所が近くになかったり，都市では比較的簡単に入手できる情報がなかなか届かないこともあるでしょう。近隣に相談できる場所があったとしても，町や村中が顔見知りの状態では，周囲の目が気になって動きが取れなくても当然だと思います。さらに，公共の交通手段が限られていて，自分が自由にできる車がなければ，逃げたくても逃げられないということも考えられます。免許を取ることをバタラーから禁止されていることもあるでしょう。たとえ便利な都市に住んでいたとしても，バタラーの家族，親戚や友人などが近隣に住んでいたりすると，彼らを利用して妻や恋人を脅すこともよくあります。また，東日本の震災地での DV 被害の増加の深刻化が報道されています[10]。避難所で行動を監視される，別居していたバタラーの元へ戻らざるを得ない，経済状況が悪化して別れられなくなったなど，被災後の居住状況ゆえの特殊な問題が懸念されます。女性や子どもなどの普段から社会的に弱い立場に置かれている人たちが，さらに危害を受けやすくなることを理解した上での安全対策が必須です[11]。

3. **身体的・精神的問題**：心臓疾患，糖尿病，癌など，病気を抱えている場合，サバイバーにとって一人で生きる選択をするのは難しいことかもしれません。聴覚・視覚障がいや，車椅子の必要があるなど身体的障がいのあるサバイバーが，時に暴力を振るわれるにしても，普段の生活に夫や恋人の助けを必要と感じることは当然だと思います。また，うつ，不安障がい，統合失調症など，精神疾患をDVの被害に遭い始める前から患っているサバイバーもいることでしょう。さらに，アルコール依存などの問題もあり得ます。どのような問題であれ，バタラーがそれを利用して，さらに支配の手綱を強くすることは容易に想像できます。また，特に被害が長期にわたる場合，DVゆえに身体的・精神的問題が起こされたであろうこと，またそうでなくてもDVゆえに状態が悪化したという可能性は多いにあります。サバイバーの身体的・精神的問題は，彼女の状況分析や判断能力に影響する可能性もあります。しかし，問題を抱えていても正確な状況分析や安全な判断をすることのできるサバイバーは大勢います。支援者は自身の思い込みに囚われずに，サバイバーとの共同作業としての支援活動に携わることを常に心掛けておかなければなりません。
4. **組織や団体の不的確な対応**：DVが違法とされても，実際に法律に沿って的確に対処されるかどうかは別問題です。1980年代のアメリカ，コネチカット州で起きた事件はその代表格といえるでしょう。すでにDVが法律で規制されていたコネチカット州で，呼ばれた警察官の目の前で女性が瀕死の重症を負わされるほどの暴行を受け，警察官は何もしなかった，というよりその暴行が終わるまで待っていた，という事件がありました[12]。これが他人の間で起こった暴力ならば，警察官の対応は違っていたでしょう。その後，警察官が被害者のニーズに合った対応をするようになってきたという調査結果とともに，DVで出動要請があると時間がかかるので面倒だという態度や，明確なケガがなかったらDVと見なさず逮捕しないなどの偏見が根強いという調査結果もあります[2]。刑事・民事両裁判所においても，女性や子どもの安全を第一にした対処が

されないどころか，深刻な二次加害も報告されています。離婚調停の場で涙ながらに状況を訴えると，「感情的だから」ということで話を受け入れてもらえなかったなど，数々のサバイバーの体験談が1997年の日本の調査で明らかにされています[13]。また，2007年に行われた日本の全国調査では，医療機関を利用したサバイバーの半数ほどがDVについて問診があったと報告しています。医師を含むスタッフのほぼ8割が丁寧に対応したということですが，その半数近くにおいて支援団体の紹介などの具体的な情報提供はありませんでした[14]。

女性相談所や民間カウンセリング・センターなどの支援現場でも，暴力の責任がバタラーにあることを明確にしたり，安全確保のためのサバイバーとの共同作業を行うというよりも，彼女の欠点を直すことに焦点が置かれたり，カップルのコミュニケーションの問題として取り扱われたりすることによって，サバイバーにもDVの責任がある，というようなメッセージを送っている場合もあるでしょう。被害を受けてきた人をサポートするべき団体でもこのようなことは起こります。バタラーと別れたとしても，サバイバーにはさらに乗り越えなければならないハードルがたくさん残っています。

5. **差別問題**：サバイバーにも様々な社会的背景があり，時にはその背景ゆえに差別を受けること，つまり社会的抑圧ゆえの不当な扱いを経験することがあります。サバイバーが安全を求めるときに，この差別の問題が大きな障害になることが予想されます。例えば，職業・収入や，住居，教育が，性指向・性自認や，人種・民族，障がいなどによる差別によって大きく左右されることは否めない事実です。安全確保について考えるとき，サバイバーの経験している社会的抑圧によって，そのオプションが限られてくる場合があることを念頭に置かなければなりません。さらに，こうして差別待遇を受けていると，それがその人の自尊心を傷つけ，自己批判，自己否定といった内的抑圧につながることがあり，それはサバイバーがDVを乗り越えて生きていくのにバリアとなることもあるで

しょう。また，支援者が個人に対する支援と組織や社会の改善を通した支援の両方を効果的に行うことによって，差別問題に直面しているサバイバーの安全確保に貢献することも可能です。
6. バタラーによる生活全般の問題の利用：バタラーは基本的に自己中心的ですから，たとえサバイバーが苦労している問題であっても，それを自分のために利用することをあえて悪いことだとは思いません。例えば，「離婚して一人でやっていけるはずがないだろう」というのは，女性が社会で直面する経済的困難を知った上での現実的な脅しです。特に職業経験があまりなかったり，子どもが何人もいたりすると，実際に「離婚して一人でやっていく」のは大変な困難です。また，視覚障がいのあるサバイバーに報復として電話など毎日の生活で必要なものの位置を変えたり，差別を恐れてゲイであることを隠しているサバイバーに対して，言う通りにしなかったら職場にばらすと脅迫するなど，加害者が様々な手口で生活全般の問題をDVの手段として利用することが考えられます。

以上の二つの種類の危害について，サバイバーがどのような経験をしてきたかを知ることは，より的確なセーフティ・プランを立てることに役立ちます。サバイバーは毎日の生活の中で，バタラーによる危害にも，生活全般の問題による危害にも影響され，そして彼女なりの方法で対処してきています。別れる・別れない，どちらを選択しようとしている場合にも，それぞれの危害の影響にどのような変化が予想されるか，そしてどのような対処が可能か，一緒に考えるのが支援者の役目です。

危険度チェック

サバイバーと話をして，支援者は彼女の経験してきた様々な危害を知ることになります。その中で，実際に何がどのように危ないのか，支援者として知っておく必要があります。アメリカでは長年DVの危険度について多くの

研究が行われてきました。そういった研究とアドボケットたちの経験に基づいて，危険度をチェックして安全を確保するために備えることはある程度できるといえるでしょう。

危険度をチェックするということは，バタラーが今後サバイバーに危害を加える可能性があるかどうか考察する，ということです。そのために，支援者はバタラーの行動，傾向や過去の経験などの情報を，サバイバーから得ることになります。万が一バタラーから情報を得るとすれば，真実が否定され，過小評価されている可能性が大いにありますから，注意してください。

アメリカでは1980年代から，DVによる殺人を予防する目的もあって，DV殺人の危険信号についての研究が多く行われてきており，次に挙げる要素の存在が，DV殺人の可能性の増加と比例していると理解されています[15]。

- DVの度合いの悪化と，被害者の孤立の悪化
- 二人の別離や疎遠化，離婚
- バタラーの独占欲や嫉妬心の強さ
- バタラーによる脅迫（自殺する，サバイバーを殺す，あるいは両方）
- 外部団体の関与（特に警察）
- 保護命令の発令（ほぼ必ず男性に対する保護命令）
- バタラーのうつ症状
- バタラーの暴力的犯罪歴

ここでは上記のDV殺人に関する危険要素と，一般的にいわれるその他のDV危害の危険要素を5つに分類しました[16]。多くの項目が当てはまる方がより危険度が高い可能性があるので，より一層の注意が必要ということになります。次に挙げる危険要素を基にした危険度チェックリストを，このセクションの最後に付けました。しかし，完璧なリストはありませんから，ここにある危険要素と危険度チェックリストだけに決して頼らないようにしてください。

危険要素1：重度の傷害・殺人に至る可能性
- 銃が入手できる，あるいはすでに所持している。
- 過去に武器を使って暴力を振るったことがある。
- 武器を使って脅したことがある。
- 過去の暴力の結果，被害者が大けがをしたことがある。
- 他の家族やペットに対しても暴力を振るうことがある。

　日本では，銃所持はアメリカほど一般的ではありませんが，合法・不法所持に関わらず可能性はあるので，必ず確認してください。銃でなくてもナイフ，バットなどの武器を実際に使ってサバイバーに怪我をさせたり，脅したりするのは，バタラーがより危険な行動を選択するようになってきた証拠といえるでしょう。

危険要素2：バタラーの精神状態
- サバイバーや家族を殺す，または自殺する（あるいは両方）と，脅したことがある。
- 神経症，不安症，うつなどの診断，あるいは傾向がある。
- アルコール，麻薬など乱用・依存している，あるいはその傾向がある。

　バタラーが思いつめた状態であったり，精神的に不安定な状態だと，普段の虐待よりひどい暴力を振るう可能性があります。精神疾患やアルコール依存などはDVの原因ではありませんが，状況分析，判断能力が影響される可能性があります。さらに，アルコール依存症のバタラーが自分の暴力を酒のせいにする，というのはよくあるパターンです。それを言い訳にすると，飲んでいるときに暴力を振るうことをバタラー自身が許可してしまうことになるので，要注意です[17]。

危険要素3：バタラーの考え方
- パートナーを自分の所有物のように思っている。
- パートナーにすっかり頼りきっている。

- 嫉妬心，独占欲が非常に強い。
- セックスを強要したり，サディスティックな行動をとる。

上記のような考え方の強いバタラーは，特にパートナーが去っていくことに強い嫌悪感や焦燥感，恐怖感を持ちます。また，バタラーの頭の中では，「別れること＝他の男に彼女を取られること」のような図式となり，「他の男に取られるくらいなら……」と，様々な脅しをかけてきたり，実際に傷害や殺人の危険も考えられます。特にサバイバーが別れる決意をしていたり，その準備を始めているならば，綿密なセーフティ・プランが必要です。

危険要素4：バタラーの歴史的背景，経験・行動
- 子ども時代に暴力の被害に遭ったことがある。
- 以前の妻や恋人にも暴力を振るっていた。
- 逮捕されるなど，警察と関わり合いになったことがある。
- 裁判所命令に違反したことがある。
- ストーキング，あるいは監視する。
- 暴力がひどくなってきた（種類，回数，度合い）。

子ども虐待の被害経験は，DVの直接的な原因ではありません。しかし，大人になってパートナーを虐待する可能性が，子ども虐待被害経験のない場合に比べて高くなる，という研究結果がアメリカでいくつか出ています[18]。また，子ども時代から社会・団体の規律や法律などを軽視，あるいは無視する傾向がある場合，一般的に，大人になってもその傾向は続くといわれています。また，ストーキングやサバイバーを監視する行動に出るバタラーは，危険要素3にある所有欲や独占欲，嫉妬心が強いことが多く，特に警察が関与してきた後でもその行為をやめない場合は，危険度も高いといえるでしょう。暴力がひどくなってくるのにも理由があります。何らかの理由で自分の支配力が弱ってきているように感じているのかもしれないし，暴力を楽しんでいるのかもしれません。どちらにせよ，要注意です。暴力がひどくなってきた場合の例には，平手打ちのみだったのが首を絞めるようになった（種類），

年に２〜３回だったのがほぼ毎月のようになった（回数），また気を失うまで殴られるようになった（度合い）などがあるでしょう。さらに，DV 殺害に至る一番のリスク要因は，それまでに女性が男性から DV 被害を受けていたことであると多くの調査で明らかにされています[19]。殺害されるのが男性でも女性でも，DV 被害を受けていたのは女性であるということも報告されており[19]，自己防衛，あるいは被害を受け続けた後の報復という可能性が懸念されます。被害者支援を継続して行うことの必要性と，詳細にセーフティ・プランを立てることの大切さを強調したいと思います。

危険要素５：生活全般の状況
- 最近別れた，あるいは別れ話を持ち出されている。
- 最近，外部団体（相談所，支援団体，特に警察）が二人の関係に関わってきた。
- 最近保護命令が出された。
- 社会的に孤立している。
- 女性蔑視・虐待を容認・奨励するような交友関係を持っている。

サバイバーに対して周囲の人は，「別れなさい」と時には強く勧めがちですが，よく考え直さなければなりません。アメリカとカナダで行われているいくつもの調査で，バタラーと別れることはサバイバーの危険の増加につながる，ということが明らかにされています[19]。警察や裁判所が関与してくるということは，サバイバーが助けを求め始めた，あるいは彼女に外部から何らかの援助の手が伸びてきているということであり，バタラーが支配力を失ってきていると認識することにつながります。その支配力を取り戻すためには手段を選ばない，というバタラーもいるでしょう。バタラーが社会的に孤立している場合は，サバイバーは唯一の身近な，どうしても失いたくない存在かもしれません。また，他に身近な人がいなければ，彼の虐待をたしなめるような人はいないでしょう。たとえ，友人や家族がいてもバタラーの行動や考え方に同調する場合，妻や恋人に暴力を振るうことが容認されるため，

ドメスティック・バイオレンス　危険度チェック・リスト

このリストは，加害者の状態や経験などから DV の危険度を判断するために，5つの危険要素を基にして作られました。加害者に関する情報を被害者から集めてチェックするのが，このリストの主な用途となります。危険度チェックの結果を被害者と話し合い，彼女の安全確保に活かしましょう。チェック項目が多い方が危険レベルが高い可能性があるので，より一層の注意が必要，ということになります。しかし，完璧なリストはありません。被害者の意見，支援者自身の経験・知識を取り入れることが大切です。**この危険度チェックリストだけに決して頼らないで下さい。**

危険要素１：重度の傷害・殺人に至る可能性

- □ 銃が入手できる，あるいはすでに所持している。
- □ 過去に武器を使って暴力を振るったことがある。
- □ 武器を使って脅したことがある。
- □ 過去の暴力の結果被害者が大けがをしたことがある。
- □ 他の家族やペットに対しても暴力を振るうことがある。

危険要素２：加害者の精神状態

- □ 被害者や家族を殺す，と脅したことがある。
- □ 自殺する，と脅したことがある。
- □ 神経症，不安症，うつなどの診断がある（または傾向）。
- □ アルコール，麻薬など乱用・依存している（または傾向）。

危険要素３：加害者の考え方

- □ 被害者を自分の所有物のように思っている。
- □ 被害者にすっかり頼りきっている。
- □ 嫉妬心，独占欲が非常に強い。
- □ セックスを強要したり，サディスティックな行動をとる。

危険要素４：加害者の歴史的背景，経験・行動

- □ 子ども時代に暴力の被害に遭ったことがある。

- ☐ 以前の妻や恋人にも暴力を振るっていた。
- ☐ 逮捕されるなど，警察と関わり合いになったことがある。
- ☐ 裁判所命令に違反したことがある。
- ☐ ストーキング，あるいは監視する。
- ☐ 暴力がひどくなってきた。
  （該当するものを囲む： 種類　回数　度合い）

危険要素5：生活全般の状況
- ☐ 最近別れた，あるいは別れ話を持ち出された。
- ☐ 最近，外部団体（相談所，支援団体，特に警察）が二人の関係に関わってきた。
- ☐ 最近保護命令が出された。
- ☐ 社会的に孤立している。
- ☐ 女性蔑視・虐待を容認・奨励するような交友関係をもっている。

機械的に危険度をチェックするのではなく，必ず被害者の意見や感情（恐怖感，不安感など）を尊重しましょう。

被害者の意見：＿＿＿＿＿＿＿＿＿＿＿＿＿＿＿＿＿＿＿＿＿＿＿＿＿
＿＿＿＿＿＿＿＿＿＿＿＿＿＿＿＿＿＿＿＿＿＿＿＿＿＿＿＿＿＿＿

被害者の状況：
経済的状況：
居住地の問題：
病気・障がいなど：
差別経験：
家族・子ども：
その他

これらの情報を考慮して，どのように安全を確保していくか，被害者と一緒に考えましょう。　　　　　©尾崎礼子（2005），『DV被害者支援ハンドブック』

サバイバーや子どもたちの安全が非常に心配されます。

　これらの危険要素が，必ずしも傷害や殺人につながるとは限りません。多くの要素がある場合でも，あっさり離婚できてバタラーが何もしなかった，という場合もあります。逆に，このような要素があまりなかったにも関わらず，大変な傷害事件となった場合などもあるでしょう。過去のアメリカの研究結果などを軽視せず，上記のような危険要素があるときはサバイバーの状況分析やこれまでの経験などを考慮してセーフティ・プランを立て，万一の場合に備える必要があるといえるでしょう。また，サバイバーの生活全般の状況も，安全確保に関わってくることを忘れないようにしましょう。

セーフティ・プラン

　セーフティ・プランは，サバイバーが自分の安全を確保するために立てる計画のことで，一般的にアメリカでセーフティ・プランというと，細かいステップを含めた行動計画のことです。

　特別なことのように聞こえますが，サバイバーにとってはごく自然に毎日行っていることかもしれません。例えば，朝食には必ず熱すぎない味噌汁を用意する，面白くない冗談でも笑う，彼が運転中にたとえどんなに道に迷っても「正しい道順を教える」ことは決してしない，求められたら必ずセックスに応じるなど，バタラーの機嫌を損ねないように工夫して取っている行動が，一時的にでもサバイバーの安全を守っていることにもなるのです。

　これらは，サバイバーの経験に基づいたセーフティ・プランの一部といえるでしょう。支援者の第三者としての視点からサバイバーの状況や行動の結果を一緒に考えて，さらにセーフティ・プランを綿密なものにすることができます。また，特にサバイバーの状況分析や将来の計画が変わってくるとき，支援者がその知識や情報をもってサバイバーのセーフティ・プランを改善するための手伝いをすることは，サバイバーにとっては心強いことだと思います。

セーフティ・プランの種類

　セーフティ・プランと一口で言いますが，実際には様々なニーズに対応する計画で，様々な行動が含まれます。即時の安全を図るために必要な行動もあれば，中期・長期での安全を求めるための行動もあります。また，一見不適切なことのように思えることでも，サバイバーが安全を確保するために取らざるを得ない行動なども含まれます。その例として，バタラーの元に戻ることや，周囲にうそをつくことなどが挙げられるでしょう。さらに，セーフティ・プランに含まれるどの行動についても，どんなに支援者が役に立つと思っても，サバイバー本人が納得するものでなければ意味がありません。

　セーフティ・プランは，基本的には，次の3種類に分けることができます[1]。

1. **身体的暴力から自分を守る場合**：身体的暴力を何度も経験したサバイバーもいれば，一度も経験したことのないサバイバーもいます。どちらにせよ，襲われるのを防ぐため，あるいは襲われたときに身を守るにはどうすればいいか考えておくことも，一つのセーフティ・プランです。

    - 逃げる：例えばバタラーが言いがかりを付けてきたら，少しずつ移動して玄関に近づくようにしておくと，襲われそうになったらすぐ外に出ることができるでしょう。子どもたちに合図を送って，子どもたちが近所の人の家に逃げられるよう，前もって協力を求めておくこともできます。また，勤め先から逃げられるように必要最低限の荷物を職場に置いておく，バタラーが寝静まるのを待って出て行くなどのアイディアもあります。

    - 第三者介入：危険な時点でサバイバーや子どもが警察に通報することもあれば，叫び声を聞いた近所の人が通報する場合もあります。以前から暴力で苦労していたり，保護命令が出されていたりする場合，前もって最寄の警察署に状況を説明しておいて，パトロール強化を要請することも考えられます。また，理解のある友人や親戚に，困ったときに電話したらすぐに来てくれるよう頼んでおくこともできるでしょう。長期的に考えた場合，他の人の前では暴力を振るわないタイプの

バタラーならば，親や兄弟・姉妹などと同居することも一案です。
- **自己防衛**：実際に襲われた場合，なんとかして危害を最小限に食い止めるよう対応しなければなりません。縮こまって腹部や顔，頭などをかばったり，分厚いセーターやトレーナーを着て，暴力の衝撃を少しでも減らすようにすることもできるでしょう。以前バタラーが使ったナイフやバットなどの武器を隠しておいたり，お酒をどんどん飲ませて酔いつぶれるように仕向けるサバイバーもいます。また，最悪の場合，自己防衛のためにサバイバー自身が暴力を使うことになってしまうこともあり得ます。パートナーを支配するために使う暴力と違って正当防衛であることを詳細に記録し，DVに理解のある弁護士に相談する必要があります。
- **子どもを守るために**：バタラーが子どもも虐待しているのか，そして母親への虐待が子どものいる前で行われているのかも，子どもの安全を図るための指針となります。何の証拠もなくはっきりしない場合，また子どもが母親の虐待を目撃していることが問題である場合[20]，それらを避けるためのプランが立てられるでしょう。例えば，子どもを実家や親戚の家に預けること，夜は子どもと一緒に寝ること，父親が仕事から戻ってくる前に寝かせておくことなど，が考えられます。あるいは，サバイバーの判断によりますが，子どもに手を出したら警察に通報する，などと彼女の意志を明言したりすることで，妻や子どもに対する暴力をやめるバタラーもいると思います。

2. **別れる場合**：先にも述べましたが，別れ話を始めたり実際に家を出て行ったりした後も，DVが終わらないばかりかひどくなる場合が多いことは，長年の調査で明らかにされてきました。サバイバーのこれまでの経験を十分に考慮してセーフティ・プランを立てることが，非常に重要になってきます。今までに別れようとしたことがあるか（何度くらい），どれくらいの期間別れていたか，そしてどのようによりを戻したかというのは，次回に備えるために貴重な情報です。いつ別れるつもりなのか

も大事な要素です。例えば，とにかく明日にでも出て行く，夫が来月出張で留守の間に逃げる，仕事に慣れて精神的・金銭的に余裕ができたら別れる，子どもが成人してから離婚する，新しい恋人ができたら別れたい，などサバイバー自身が様々な希望を持っていることと思います。結婚していたり，子どもがいたりする場合，事情は複雑になってきます。別れることに法的な問題が絡んでくるからです。離婚，親権，財産分与などの問題に対処するとき，精神的にも経済的にも，サバイバーにとって複雑なストレスが加わることは想像できます。また，裁判所などが最終的に決定を下すわけですから，必ずしもサバイバーが安全と感じることのできる結果になるとは限りません。それらにどう対処するか，また対処するのに必要な精神的，経済的，体力的エネルギーを持ち合わせているか，今持ち合わせていなければどうやってそれを得ていくかなど，話し合うことも必要です。

3. **別れない場合**：サバイバーが暴力的な夫や恋人の元にとどまるには様々な理由がありますが，どんな理由にせよ，その決定権は彼女のみにあります。支援者にできる唯一のことは，その状況の中でサバイバーがいかに安全を保つことができるか一緒に考えることです。まず，サバイバーが経験してきた「バタラーによる危害」と「生活全般の問題における危害」に，これまでどのように対処してきたかが，今後のセーフティ・プランの鍵になるでしょう。また，将来的には別れたいのかどうか，ということもプランに関係してきます。バタラーとの関係にとどまる場合，セーフティ・プランに組み込むものはたくさんありますが，例を少し挙げます。

- 信頼できる人を友人や家族・親戚などの中から探し，孤立しないで済むよう自分のサポート体制を築く。
- 資格取得，趣味，地域でのボランティア活動などから，自分の楽しみを見つけ，それをまた自信をもつことにもつなげる。
- パートナーに内緒で貯金を始める。

- 信頼できる人に，現金や着替え，大事な書類のコピーなどを渡しておく。
- とにかく何でも彼の言うことに同意し，言われた通りの行動を取る。
- 子どもが学校，塾，お稽古事などで，家にいる時間が少なくて済むようスケジュールを立てる。
- 襲われたときのため，逃げる手順を子どもたちと練習しておく。

別れる場合のプランの中に，別れない場合の行動も入れる必要があったり，身体的暴力から自分を守るための行動も入ってきます。支援者は，サバイバーの具体的なニーズに沿って彼女の納得のいくプランを一緒に考える，女性主導の支援を忘れてはなりません。

セーフティ・プランの流れ[16]

女性主導の支援に基づいたセーフティ・プランは，サバイバーの考えや計画を中心に立てられます。また，必要に応じて柔軟に変更していくことができ，一定の決まった順番があるわけではありません。しかしながら，大体の流れがつかめると活動を始めたばかりの支援者にもわかりやすいと思いますので，以下のように説明します。

1. **サバイバーは今何を必要としているか**：セーフティ・プランを立てるときは，基本的に即時の必要から対応していくべきです。危機に直面しているサバイバーと接するときは，とりあえず彼女が精神的に落ち着くまで待って，セーフティ・プランに取りかかるようにします。例えば，夕べ殴られたことがショックでとにかく誰かと話したかった，というサバイバーの場合，今の時点で別れる，別れない，という話をする気はないかもしれません。しかし，今晩夫が仕事から帰ってきたらどうするか，次に殴られそうになったらどうするかなどが，即時に必要なことかもしれません。また，何年も前から別れようと思っているサバイバーの場合，今の危険度を考慮しつつ，具体的に別れる場合のセーフティ・プランを

立てていくのが妥当でしょう。

2. **危険度チェック**：セーフティ・プランを立てるにあたって，最初にすべきは危険度を知ることです。サバイバーがどのような危害を被っているのか，今までどうやって対処してきたのか，バタラーはどのような傾向があるのかなど，サバイバーから多くの情報を聞き出すことになります。詳細は，本章冒頭の「サバイバーが経験する危害」と「危険度チェック」を参照してください。

3. **どのような選択肢があるか**：サバイバーがこれまで経験してきた危害，バタラーの傾向，彼女の状況分析，将来の希望などを考慮して，どのような選択肢があるか話し合います。セーフティ・プランの具体的な行動が，ここで話し合われます。

4. **選択の結果，どうなる可能性があるか**：何を選択するにしても，何らかの結果がついてくることになります。例えばパートで仕事を始めることにしたら，夫は怒るかもしれません。あるいは，いやでもとにかくセックスに応じることにしたら，妊娠する可能性があります。その結果が耐えられるものか，そうでなければ他に選択肢があるか，また，その結果にどう対応していくかなど，話し合う必要があります。

5. **まず最初のステップは？**：いろいろな話をした中で，一番最初にサバイバーが取る行動に何なのか，会話を終える前に確認しましょう。そうすると，支援者との話し合いの中で，具体的にサバイバーの安全を確保していくための対策を立てたのだということが明確になってきます。また，プランの全てを一度に行動に移してしまうのは大変でしょうから，「まず最初のステップ」に焦点を当てることで，彼女も行動しやすくなると思います。サバイバーや子どもたちの生活の状況やニーズの変化に応じて，セーフティ・プランを変える必要が出てきます。会話を終える時には，支援者が再びセーフティ・プランを立てる手伝いをできる旨，伝えるようにしましょう。

セーフティ・プランのヒント

　セーフティ・プランを立てるときには，サバイバーから様々な情報を得て一緒に考えていくことが大切です。そういうときに役に立つフレーズがいくつか考えられます。

- （これから，今，明日から，将来は）どうしたいですか？
- 今までどのように対処しましたか？
- 何がうまくいきましたか？何が失敗でしたか？
- 他にも……ができると思いますが？
- 他にどんな選択肢があるか考えてみましょう。
- もし……したら，どうなると思いますか？
- まず最初に何をしたらいいでしょう？

　サバイバーのこれまでの努力と独創性豊かなセーフティ・プランに，支援者が目を留めることも非常に大切です。多くのサバイバーと接する中で，支援者は様々な安全確保の方法を学ぶことができ，それを他のサバイバーのセーフティ・プランに活かすこともできるのです。また，支援者がサバイバーのこれまでの歩みを評価することは，彼女の自信と新たなエネルギーにもつながってくると思います。

- それはすごくいいアイディアですね。
- よくそこまで調べましたね。
- それは，他の方にも参考になりそうです。他の同じような経験をしている人にも教えてあげていいですか？
- 子どもたちの安全も，そうやって考えてこられたのですね。
- そこが＿＿＿＿さんのいいところだと思います。

　同時に，サバイバーが様々な決断を下すとき，支援者から見て「危ない」と思えるような場合もあります。彼女を批判することなく，現実的な問題をしっかり心に留めた上で，彼女がより安全な計画を立てられるよう促すのも

支援者の重要な働きです。
- 前回そうなったのなら，今回もそうなるかもしれないと思うのですが，どうでしょう？
- 私には_____さんの安全が心配です。
- 彼のこれまでの行動や，独占欲の強さなどから見て，今のままでは_____さんも子どもたちも危ない目に遭うんじゃないかと，非常に心配です。もう少し，他の選択肢も考えてみてくれませんか？

　どんなに支援者が心配しても，満足できなくても，最終的な決定は，すべてサバイバーのものです。支援者は，サバイバーと自分の間の境界線をしっかり引いて，彼女の決断を尊重しなければなりません。彼女がどのような決断をしようと，また必要があれば支援者と話し合うことができる，と思ってもらえるような支援関係を保つことが大切です。サバイバーと一緒にセーフティ・プランを立てるとき，次のことをよく覚えておきましょう[16]。

1. たとえ暴力を振るうパートナーであっても，別れたくないという人が大勢いる。
2. 最終的に別れるとしても，何度も別れたり戻ったりの繰り返しをすることがよくある。
3. 別れることが安全確保につながるとは限らない。
4. 加害者の逮捕，保護命令で必ずしも被害者の安全が守られるわけではない。
5. サバイバーのどの行動にも何らかの結果が伴う。
6. どの選択も，暴力の悪化につながる恐れはある。
7. 安全確保の選択権利は，サバイバー自身にのみある。

第7章　アメリカのDV対策

　ここまでのところ，アメリカのDV被害者支援で使われている概念や考え方，スキルで，個人に対する支援で生かせるものを中心に，具体的に説明してきました。本章では，組織や社会の改善を通した支援（システム・アドボカシー）で活かすことのできる情報が中心になります。

　もともとの被害者支援は，サバイバーとその家族や友人が個人を助けるために始めた活動でした。しかし，個人のレベルでできることに限界があることが明確になるにつれ，州や連邦政府のDVに対する考え方や取り組み方の変革を要求する動きが，1980年代には活発になり，様々な形態のDV対策がアメリカ各地で繰り広げられました。本章では，2000年代前半あたりまでにアメリカで浸透して行われてきた加害者対策，地域ぐるみのDV対策，そして予防対策について説明します。

加害者対策[1)]

　加害者対策を被害者支援の視点から検討・改善していくことは，サバイバーや子どもたちの安全にもつながる大切なシステム・アドボカシーの一つです。サバイバーと周囲の人々の安全を図るため，ご自分の地域で行われている加害者プログラムについて情報を得ることはもちろん，必要に応じて連携ができるようにしておくことをお勧めします。ここでは，アメリカで一般的に信頼されている，女性パートナーに暴力を振るう男性向けの加害者プログラムのあり方について説明します。LGBT加害者や男性パートナーに暴力を振るう女性を対象にした対策に関しては，第8章をご参照ください。本書は被害者支援をしている人のためのハンドブックですので，加害者対策につい

て支援者が知っておくべきこと，そして支援者がどのように加害者対策に関わっていくべきか，という視点で書いています。具体的な加害者プログラムの内容について，ここで述べるのは控えたいと思います。

加害者プログラムの基本理念

　アメリカにも様々な加害者プログラムがあり，特に 1990 年代以降に立ち上げられたプログラムのほとんどが，一般のメンタルヘルスの研修を受けたカウンセラーやソーシャルワーカー，心理学者などによって運営されています。これらのプログラムも，1970 年代後半から 1980 年代前半に創設されたフェミニストの立場を取るマサチューセッツ州ケンブリッジ市のエマージやミネソタ州ドゥルース市のドメスティック・アビュース・インターベンション・プロジェクト（以下 DAIP）のプログラムを元にしていることが多いようです。しかし，これらのプログラムの枠組みを使っているものの，バタード・ウィメンズ・ムーブメント（以下 BWM）の活動家やサバイバー，支援者たちの活動や意見を尊重してプログラム運営に活かしているかどうか，多くの加害者プログラムに関して疑問があるのも事実です。

　ここに挙げるのは，加害者プログラムの DV に関する基本理念です。BWM の流れを汲み，被害者支援のそれと同じであるはずです。

1. **DV はバタラーの選択である**：DV はストレスに対処する方法を知らないため，あるいは「怒り」などの感情表現が不得手なために「起こる現象」ではなく，親密な関係の中で自分の権威を主張し，支配し続けるために加害者が「自ら選択する手段」です。
2. **DV はバタラー個人の責任である**：DV は，カップルや家族の間のコミュニケーションの不足や，パートナーが彼を怒らせるようなことをしたのが原因ではありません。バタラーが自分の考えによって取った行動ゆえ，その責任は周りの誰にもなく，バタラー本人のみにあります。
3. **DV を止めるには，バタラーの考え方を変える必要がある**：DV の根源は，自分の権利ばかりを主張し，パートナーの権利をないがしろにすること

を良しとするバタラーの考え方にあります。その考え方に異議を唱え，女性の人権を尊重する考え方を教えることが大切です。
4. **DV は社会問題である**：女性に対する暴力を是認する社会の風潮が，DV を容認する温床となっています。男女の力関係の不均衡にも代表される社会的抑圧を理解し，加害者プログラムの運営やグループの内容にも反映するべきであり，地域ぐるみの DV 対策にも参加するべきです。

信頼できる加害者プログラム

　加害者プログラムの良し悪しを見定めるとき，まずプログラムの核といえる基本理念を知り，プログラムの運営方法や規定，そして実際のプログラムの内容（グループか個人セッションか，参加者が何を学んでいるか）を確認していくことが大切です。上記のような基本理念があるプログラムには次のような特徴があります。

1. **サバイバーと周囲の人々の安全を最優先事項とする**：プログラムのスタッフが定期的に直接対応するのは加害者ですが，その働きはパートナーと子どもたちに直接影響します。プログラムの目的は，加害者の暴力を止めることによって，被害者とその子どもたちをはじめ周囲の安全を図ることです。
2. **バタラーが暴力の責任を取るように対応する**：これまで社会が大目に見てきたバタラーの言い訳を全く受け付けない，という態度が肝心です。グループでの話し合いやプログラムの規則などから，暴力の責任は一方的にバタラーにあること，そしてそれを全面的に認めるところから変化のプロセスが始まることを強調します。
3. **グループの中で，男女間の尊重を表す態度や行動の手本を示す**：一般的に加害者プログラムはグループワークが中心で，男女のグループ・ファシリテーターによってリードされます[2]。たとえ意見の相違などがあったとしても，男女がお互いを尊重し合い，協力して共同作業をすることができる，ということを実際に目の前で見せることは，大きなインパク

トがあります。男性のファシリテーターが自分の男性としての特権を認識し，性差別の標的になっている女性と一緒に，男女の力関係の歪みを象徴するDVを阻止するための活動ができることは貴重なことです。

4. **バタラーの考え方，態度と行動を変えることに焦点を置く**：加害者プログラムは，パートナーに暴力を振るう男性たちを「男らしさの呪縛から解放する」プログラムではありません。それは，付随してくることかもしれませんが，プログラムの目的は，参加者が暴力をやめ，その考え方や態度を改めることによって，サバイバーやその周囲の人々の安全に貢献することです。子ども時代の虐待被害，うつ病，仕事のストレスなど，様々な問題を抱えてバタラーたちはグループに参加しますが，そのような問題の解決が中心にならないよう細心の注意を払います。

5. **変化のプロセスにあるバタラーをサポートする**：加害者が暴力をやめること，また考え方を改めることは，大きな変化です。その変化のプロセスを通る中で，自分の不安，恐れなどに直面する必要があります。もちろんそれは，バタラーが自分の行動に責任をきちんと取り，パートナーや女性の人権を尊重する態度が養われてから起こることです。そして，その変化の過程にあるバタラーを励ましサポートする，というのも大切なグループ・ファシリテーターの役目です。

6. **他のサービスを利用する必要があるかどうか判断する**：バタラーが，DV以外の問題を抱えていることがあります。代表的な問題として，アルコール依存症やうつ病などが上げられます。その問題が加害者グループでの学びに支障をきたしているようならば，専門家に相談したり紹介したりして，適切な治療を促す必要があります。それは，加害者プログラムが必要ではない，ということではありません。よほどの事情がない限り，加害者プログラムは同時に続けていくべきです。

7. **被害者支援団体と協力する**：加害者プログラムは，サバイバーのニーズに敏感でなくてはなりません。プログラムを立ち上げるときに，プログラムの内容や参加規則がどのようにサバイバーの立場に影響を与える可

能性があるかなど，被害者支援団体に相談することは必須です。サバイバーや支援者の意見を取り入れることは，安全を最優先するために役立ちます。また，加害者プログラムがどのように機能しているかを報告したり，改善策について相談するなど，定期的に話し合いの場を持つことも大切です。

8. **被害者支援団体の資金確保を優先する**：加害者プログラムの最優先事項がサバイバーの安全であるならば，シェルターやカウンセリングをはじめ，サバイバーや子どもたちの安全と生活の安定を目指す活動のために資金を確保することを優先するべきです。加害者プログラムが被害者支援団体と競争して資金獲得をするようなことがないようにと，オハイオ州でも「加害者プログラムの基準」に定められています[3]。

9. **地域ぐるみのDV対策に積極的に関わる**：加害者プログラムの一人立ちで，DV対策にはなりません。被害者支援団体をはじめ，他の組織・団体も含めた地域ぐるみのDV対策の一員として積極的に働きに参加するべきです。本章の次の項目で，アメリカでの地域ぐるみのDV対策について述べますので，参考にして下さい。

10. **裁判所はじめ，加害者を紹介してきた団体と協力する**：アメリカの初期の加害者プログラムは，自主参加者がほとんどでした。しかし，法制度が整備されるにつれてプログラムの需要が増え，裁判所命令や子ども保護機関からの命令などによる強制参加が大多数を占めるようになりました。裁判所などと定期的に報告しあうことで，バタラーがプログラムや裁判所を操ることが困難になり，サバイバーの安全に貢献しやすくなるでしょう。加害者に関わっている全ての団体が，その言動に対して，常に一致した厳しい態度をもって接することが必要です。

信頼できない加害者プログラム

アメリカでも，加害者対策に関して様々な試行錯誤が繰り返される中，被害者支援の立場から見て，時に「恐ろしい」と思えるようなことも行われて

います。そのようなプログラムは，まず，DV は何か，という基本からずれています。ここに，アメリカの経験に基づいた信頼できない加害者プログラムの例を挙げ，なぜそのようなプログラムが的確でないのか説明します。

1. **カップル・カウンセリング（カップル面接）**：コミュニケーションの方法や，お互いに気をつけなければいけないことなどが話し合われるカップル・カウンセリングでは，両方のパートナーが「問題」に貢献している，というメッセージを伝えます。バタラーがカウンセラーを取り込んで，サバイバーを責めることもよくあります。二人の「問題」を解決するために，正直に自分の気持ちや考えを表現することが求められますが，それは被害者にとって危険につながります。何らかの「問題」がある，ということでカップルがカウンセリングを求めて来ます。そのカップルの「問題」に DV を認識したら，カウンセラーは安全を考慮した方法で，カップル・カウンセリングをやめるべきです。できれば，DV に理解のあるカウンセラーがサバイバーと個人面接を続けて，セーフティ・プランを立てることができればいいですが，強制してはいけません。また，サバイバーを被害者支援団体に紹介することや，カウンセラー自身が DV についてしっかり学ぶ機会を得ることが必要な場合もあります。加害者に関しては，信頼できる加害者プログラムがあれば紹介するよう，アメリカでは推奨されます。適切な加害者プログラムがない場合，また「加害者」という言葉にバタラーが激怒するなどしてパートナーの安全が懸念される場合は，適切であれば加害者も個人カウンセリングを受けることも可能だと思います。DV に理解のあるカウンセラーを選び，被害者と加害者が同じカウンセラーと面接しないように注意しましょう。
2. **家族療法**：DV は家族全員に責任があり，みんなが頑張って解決しなければならないもの，という印象を与えます。実際のところ，バタラー以外の家族は，全てバタラーの言う通りにしてみたり，反発してみたり，様々な方法で暴力を止めるために長年頑張ってきた，というのが現状です。バタラーさえ虐待をやめれば，ことの根源は解決するのです。バタ

ラーの虐待によって傷つけられてきたパートナーや子どもたちにカウンセリングが必要なことはよくありますが，加害者とは全く別のところで行われるべきです。加害者プログラム，あるいはDV介入などと称した家族療法の目的が家族の再統合であるならば，それは大間違いで大変危険なことです。プログラムがそれを推奨することは，サバイバーにプレッシャーを与えることにもなりかねません。家族を再統合するかどうかに関しては，被害を受けてきたサバイバーに判断・決定する権利があります。

3. **アンガー・マネジメント**[4]：DVの原因は怒りをうまく表現できず，抑えられないことだという印象を与えてしまいます。確かに怒りを爆発させているように見えるバタラーも，感情表現が下手なバタラーも大勢います。しかし，それだけではバタラーにはなりません。その根底にある考え方ゆえ，バタラーはバタラーなのです。アンガー・マネジメントでは，DVの複雑なからくりをじっくり取り上げ，参加者一人一人の責任について話し合うことができません。そうするのであれば，アンガー・マネジメントではなく，しっかりとした加害者プログラムを作るべきです。

4. **ストレス解消法**：DVの原因はストレス解消が下手だからではありません。ストレスにうまく対処できない人はバタラーであろうがなかろうが大勢います。バタラーにとって普通，ストレスは言い訳にすぎません。ストレス解消法を学んで一時的にパートナーに対する暴力がなくなったとしても，その虐待的な考え方と態度が変わらない限り，DVは必ず戻ってくることでしょう。

5. **短期カウンセリング**：アメリカでよく知られている心理療法の一つに，ブリーフ・セラピー（Solution Focused Brief Therapy）があります。一般的にカウンセリングでは問題に焦点をあてますが，ブリーフ・セラピーの場合，問題ではなく問題が解決された状況（クライアントの設定した目標）に焦点を置き，短期間で肯定的な観点から問題解決に至る，というのが特徴です。ブリーフ・セラピーを使ったバタラーのグループを

する場合，問題（DV）には焦点を置かず，バタラー本人が設定した自分の目標を達成するために，グループ・ファシリテーターがサポートする，ということになります[5]。普通，加害者プログラムではDV（問題）に焦点を置き，バタラーの考え方と行動を変えるには長期カウンセリングが必要だと説きます。短期間で，DVの責任所在をはっきりさせないまま，バタラーの希望する解決策にたどり着くようにカウンセリングをしていくことは，バタラーの意のままで，非常に危険と言えるでしょう。

6. **男女混合グループ**：男性加害者と，女性で加害者として逮捕され保護観察処分を受けた人が，男女混合グループに参加させられていることがアメリカでもあります。パートナーに暴力を振るって逮捕された女性の多くは実のところ被害者で，正当防衛や報復など，様々な事情で加害者に抵抗したものである，という調査結果がいくつもあります[6]。暴力を振るったことは事実であっても，相手を支配するための暴力ではないことが多く，また暴力を振るった結果，かえって危険な目に遭うサバイバーが多いということです[7]。実際の加害者が参加している男性のグループにこうした女性を参加させることは，深刻な二次加害です。また，男尊女卑の考え方の強い男性加害者のグループに参加している女性に心理的な被害を与えることは当然ですし，グループが終わった後，男性と女性の参加者たちの間に何か起こるかもしれない，という可能性も配慮しなければなりません。いかなる理由であっても，加害男性のグループに女性を参加させることがあってはいけません。

上記のカウンセリング手法は，DVが関与しているケースでは危険ですが，しっかり研修を積んだカウンセラーがDVのないケースに対応するならば，適切に使われる場合もあることをご理解ください。

加害者プログラムの効果

ここまで読んで気付かれたかもしれませんが，私は「信頼されている」加

害者プログラムという言い方をし，あえて「効果のある」，という言い方を避けました。それは，アメリカで様々な研究が行われてきましたが，実際に「こういうプログラムが一番効果的だ」と言い切ることのできる結果が出ていないからです。

　芳しい研究結果が出ないのには，様々な理由があります。まず，何をもって「効果的だ」とするのかが一番基本的な問題でしょう。刑法の観点から考察すると，再逮捕率が低いのが「効果的」かもしれませんが，被害者支援の視点で考えると，バタラーが暴力をやめた，あるいはサバイバーが安心して生活できる，というのが「効果的」なプログラムの結果でしょう。また，再逮捕率さえ低ければ，実際に法律違反でない虐待を続けている場合が多くても「効果的」とするのか，身体的暴力はひどくなったが再逮捕されていなければ「効果的」と言えるのかなど，問題点が次々に出てきます。さらに，人生にはいろいろな出来事がありますから，DVがなくなったとしても，それが加害者プログラムの効果だと言い切ることは難しいでしょう。

　調査方法にも問題が伴います。暴力の有無についてバタラー本人が回答するのであれば，その結果に信頼性はあまりないと言えるでしょう。サバイバーが回答する場合，実際は殴られ続けていても，万が一本当のことを報告したことがばれたら怖いのでうそをついておく，という事態も予想されます。あるいは，心理的暴力はひどくなったが，身体的暴力がなくなっただけで十分，というサバイバーもいるかもしれません。また，調査対象のサバイバーが加害者プログラム参加者の過去のパートナーか，現在のパートナーか，両方か，ということも考えなくてはなりません。プログラム修了後，どれだけの期間，どのように参加者やパートナーを追跡していくのか，さらに調査中のサバイバーの安全確保も大きな問題です。

　加えて，アメリカのこれまでの研究では，主に加害者プログラムの期間（8週間，26週間など）と，どのようなプログラム・モデルを使っているか（エマージ，DAIPなど），プログラム参加者に他にどのような制裁が加わっているか（保護観察処分中，自主参加など）ということでプログラムの効果を比べ

ていますが、グループ・ファシリテーターの質も大切な要素になると思います。どんなに長期間でも、すばらしいプログラム・モデルを使っていたとしても、ファシリテーターがバタラーに取り込まれてサバイバーを非難するようならば、効果どころか危険です。しかし、ファシリテーターの質というのも簡単に測れるものではありません。

　では、30年以上加害者プログラムを続けてきたアメリカの研究で「効果」がはっきり出されていないから、アメリカでも日本でも加害者プログラムはやめるべきでしょうか？　いわゆる「効果」のみを問題にするのではなく、プログラムが与えるその他の影響について考えてみる必要があると思います。例えば、オハイオ州では通常、DV加害者の保護観察処分は1年から3年です。しかし、彼らが定期的に保護監察官と面会しなければならないのは、よほどの事情がない限り3ヵ月程度です。ところが加害者プログラムに1年間参加していれば、52週間、毎週一回、男女のグループ・ファシリテーター二人がバタラーを観察していて、保護監察官に定期的に報告できます。また、バタラーのグループでの言動から何かパートナーに危険があるのではと感じたら、保護監察官やアドボケットとの連携で、何らかの措置をとることも可能です。さらにバタラーがグループに参加するため家を空ける数時間、サバイバーは自由です[8]。その時間は、セーフティ・プランのために使ったり、友達と話したり、とにかく虐待される心配をせずに過ごせる唯一の時間かもしれません。それだけの理由からでも、できるだけ加害者プログラムは長期の方がいい[9]、という説にも一理あると思います。このような可能性を考慮すれば、被害者支援の視点を持って地域ぐるみのDV対策の一環として機能している加害者プログラムの場合、サバイバーの安全に貢献することも可能だと考えられます[10]。

支援者の関わり方

　本当にサバイバーの安全を懸念し、被害者支援の働きを尊重するのであれば、加害者プログラムの運営者は、被害者支援団体やサバイバーからの問い

かけや疑問を迷惑がらず，しっかり受け止めていかなければなりません。そうすることで，サバイバーにとってより安全な加害者対策ができていくと思います。それは，加害者プログラムは「男性を男らしさの呪縛から自由にするプログラム」ではなく，「女性を男性の暴力から自由にするためのプログラム」であるべきだからです。多くの支援者が，アメリカでの加害者対策の試行錯誤から，加害者プログラムがどのようなものであるべきか認識し，地域で行われている加害者対策を改善していくシステム・アドボカシーに参加されることを願います。

地域ぐるみの DV 対策：CCR

　私が「地域ぐるみの DV 対策」と呼ぶのは，アメリカでコーディネーティド・コミュニティ・リスポンス（Coordinated Community Response，以下 CCR）といわれているもので，DV に関して地域の関係諸機関が連携して行う調和のとれた対応のことです。アメリカではタスク・フォース[11]，カウンシル（評議会）などが結成されて，CCR のまとめ役のような働きをするのが一般的です。歴史をたどると，司法・警察制度の DV 対応の改善を目的として始まったものなので，CCR といえば予防策よりも事後介入策の色合いが濃いようです。例えば，DV 法に基づいて逮捕されるべき加害者が逮捕されていないことが多いと判明した場合，今後警察がきちんとその法的責任を果たしていくために，関係諸機関・団体が一緒に改善策を考え，その対策を実施し，その成果を監視していく，というのがアメリカでよくある CCR の始まりです。このような働きをした CCR の中で，アメリカで最初の試みで一番有名なプロジェクトは，ミネソタ州の DAIP が行ったものです。1980年度初期，行政ではなく，地域に根ざしたアドボケット達が中心になって発足した DAIP が，制度改善のためのガイドラインを作成し，地域の関係諸機関がそのガイドラインに沿って DV 対応するように働きかけました[12]。

　その後，様々な CCR が全米各地で始められましたが，最も一般的な CCR

の形態は，シェルターなどの被害者支援団体が中心となって，地域の関係諸機関と共にDV対応に関する問題提起をし，具体的な働きを行うもののようです[13]。例えば，警察や裁判所でのDV被害者，加害者への対応，そこからどの団体へ取り次ぐか，被害者支援団体の対応のあり方，加害者プログラムのあり方，どのような取り決めをしておくべきかなど，その地域の様々な団体や関係諸機関が従うべきガイドラインなどを作成すること，それを利用できるよう研修を行うこと，そして皆がそれに従っているかどうか確認していくことが，よくあるCCRの活動です。最近では，法的なDV対応のみならず，病院やメンタル・ヘルス・クリニック，カウンセリング・センター，教会，福祉事務所など，地域に存在するあらゆる団体がCCRに含まれるようになってきています。

　ここでは，最後に述べた被害者支援団体が中心になったCCRがどのように結成されるか，アメリカの一般的な経験を説明します。

CCRを始めるために[14]

　被害者支援に関わっていると，個人に対する支援をしながら支援者自身が壁にぶつかることもありますし，サバイバーから様々な二次加害の経験談を聞くことも多く，CCRの必要性は身にしみる程感じることです。アドボケットたちの始めたCCRは，アメリカの歴史を変えてきました。CCRが成功するには，まず最初が肝心です。外部に働きかける前に，支援者たちの間で，CCRの目的と最優先事項を明確にすることが必要です。アメリカでの一般的なCCRの大きな目的は，
1）被害者とその子どもたちに必要な支援を提供する，
2）加害者に対する法的対処を首尾一貫させる，
3）地域全体のDVに対する認識を高める，
の三つです。これらの目的を達成するために，詳細な目標を立てていきます。その目標を立てるプロセスの中でも常に念頭に置いておかなければならないのが，最優先事項です。それは，サバイバーと子どもも含めた周囲の人たち

の安全です。また，外部に働きかける前に，十分基本計画を練る必要があります。サバイバーの経験を考慮して，何が問題で，何を一番先に改善するべきか，その為に何が必要かなど，しっかり話し合わなくてはなりません。

　CCR の中心となる支援者グループ内での統一が取れ，基本計画が出来上がると，関係諸機関の参加を募る準備が始められます。アメリカで被害者支援団体が中心となって取りまとめる CCR の場合，他の参加者は実に様々な団体から来ていることがあります。関係諸機関の例として，次のような団体が挙げられます：子ども保護機関，高齢者保護機関，LGBT 支援団体，移民・難民支援団体，加害者プログラム，警察，裁判所・法律関係，医療・メンタルヘルス関係，職業相談所，住宅支援関連団体，教育関係，宗教関係，企業。

　その地域ならではの団体もあるでしょうし，個々の CCR が到達したい目標によって，参加者の比重も変わってくるでしょう。例えば，その地域の住民の文化的，あるいは職業的背景に特徴があれば（在日韓国人が多い，ブラジル移民が増えている，昔ながらの商家が多い，小さな子どものいる家族が増えてきた，など），その人たちが関係している団体にも入ってもらうことによって，より効果的な CCR になるのではないでしょうか。もしも，CCR の当面の目標が加害者の法的対処を首尾一貫させるために，警察や裁判所と加害者プログラムの間のガイドラインを作成し遂行することであれば，この目標に沿った参加者をしっかり揃えることに力を注ぐ必要があるでしょう。また，地域の諸団体に参加してもらうためには，何よりもまず DV 啓発活動が必要かもしれません。

　日本でも被害者支援の活動の中で，CCR と名前はついていなくても同じような目的で集まっているグループがたくさんあります。時間，資金，人手などの不足を前提として考えると，すでに存在する組織・取り組みを利用することが効果的でしょう。全く新しく始める CCR の場合，あるいは新たに他の参加者を加える場合は，関係諸機関の中で，「同志」を見つけることは非常に大切です。とにかく思いつく限りの関係者を集めるよりも，少数でもDV をよく理解し，サバイバーの安全を願う同志を集めてまず基礎固めをす

ることが，成功につながるのではないでしょうか。また，長期で取り組むためのリーダーシップを考える必要があります。様々な社会資源が不足する中で，せっかく始めたCCRが目標を達成しないまま中断してしまう，というのはアメリカでもよくあることです。一部の人に負担が偏らないように工夫したり，関係者みんなが尊敬している人がリーダーシップを取るようにするのも，長続きの秘訣だと思います。また，小さな短期目標を立てるなど，最初の計画の段階から小さくても成功を重ねることができるCCRを目指すことが大切です。

CCRの活動

まず，CCRの参加団体がどのようにDVに関わっているのか，そして各々がその地域におけるDV対応をどのように見ているのか調べるところからCCRの活動が始まります。支援者グループの意見のみでなく，参加団体の意見を知ることが協同の重要さです。例えばミネソタ州のDAIPでは，この調査に最初の8か月をかけ，個人的な会話から，各団体で働く人たちが自分の職務や団体の規則について，他の団体との関係について，またDVについてどのように考えているのかを知り，それをCCRの後の働きに活かしていったということです[15]。もっと短期間で，正式な形をとるのなら，アンケート，フォーカス・グループ[16]などを使って，様々な情報を集めることができるでしょう。

アメリカのCCRで最も頻繁に行われるのは，CCR参加機関のガイドラインの作成，ガイドラインに関する研修，ガイドラインに基づいた実務の実施を含むCCRの継続的監視と評価です。このガイドラインに含まれる項目には，一般的に次のようなものがあります：DVに関わる各スタッフの日課，データの集計方法，スタッフの研修方法，組織・団体間の連絡の仕方，組織・団体間のクライアント紹介の流れ，守秘義務のあり方，サバイバーや周囲の人たちの安全確保，DVの責任が加害者にあることを強調する，加害者対応の方法，ガイドラインの監視・評価方法。

また，CCR を続けていくための約束事として，定期的に会議を持つこと，共同プロジェクトを持つことなども挙げられます。アメリカでよくある CCR 参加団体の共同プロジェクトの例としては，シェルターのスタッフが病院や裁判所に駐在していたり，同じサバイバーを違う方面で支援している各団体の担当者たちが，より効果的に支援するための話し合いを持つことなどが挙げられます。また，普段違う分野で働く人たちが，DV を理解し地域での対応を改善する，という同じ目的のために共に研修を受けることは，お互いに触発されるよい機会になると思います。研修では DV の基本理解から，各団体の役割まで，詳細に説明されることが必要です。

　CCR の監視と評価の中に，サバイバーからの評価を入れることを忘れてはなりません。CCR で作成したガイドラインに従って各団体のサバイバーや加害者への対応を変えたり，組織間の連絡の取り方を変更したりするのですから，それによってサバイバーと子どもたちの安全にどのような影響があったか記録することは非常に大切です。そして，不備なところを CCR で話し合い，改善していくのです。こうして長期で活動できる CCR を立ち上げることができれば，DV 対応の改善も長期で行っていくことができるでしょう。

　同じ支援団体同士，あるいは関係諸機関の人たちと協働しようとするとき，必ずどこかから抵抗が感じられることでしょう。新しいアイディアや違うグループ・個人を受け入れることは，誰にとってもある程度，脅威が感じられるものです。すでに自分や自分のグループが行ってきた活動が否定されたり，誰かに取られたりするかもしれない，と思うのが自然な自己防衛の傾向です。それゆえに大切な CCR の働きが妥協されないよう，CCR を始めるために他の諸機関に声を掛ける支援者が，相手のこれまでの働きを認めつつ，更なる協働の必要性を説くことが大切です。

DV 予防対策

　アメリカの DV 対策は，長い間事後介入策中心で，それなりに成果も挙げ

てきたと思います。新たに1990年代中頃から，予防対策に力が入れられる傾向が見えてきました。子どもたち，特に中高生や大学生に健康な恋愛関係のあり方を教える講座や，男の子や男性を対象にした講座やキャンペーンが全米で行われています。また，その効果測定の必要性も強調されています。

公衆衛生とDV予防対策

　アメリカの国立司法研究所（National Institute of Justice，以下NIJ）と疾病管理予防センター（Centers for Disease Control and Prevention，以下CDC）からの助成金によって実施された女性に対する暴力調査によると，アメリカで18歳以上の女性のうち，毎年530万人以上がDVの被害に遭い，そのうち200万件に何らかの負傷があり，そのうち55万件は医療処置が必要，ということが発表されました[17]。このような研究も進み，アメリカではDVを公衆衛生の問題として捉えることが強調されています。その影響もあり，公衆衛生の予防対策からヒントを得て，DVの予防対策が進められています。

　公衆衛生における予防対策では，次の4つのステップが取られます[18]。

1. **問題の大きさとその影響を認識する**：様々な情報を収集して，公衆衛生問題の大きさを調査し，その問題に関連する特徴や状況を特定します。また，その問題に関連して起こる状況や人々の行動の傾向を監視します。
2. **危険要素と保護要素を確定する**：その問題が起こる原因を追究し，その問題を抱える可能性が高くなる要素（危険要素），その問題から守られる可能性が高くなる要素（保護要素）を確定します。これらの要素のうち予防対策の活動などによって影響できるものがあるかどうか，またそれが何なのかが調査されます。
3. **予防対策を開発し，評価する**：第二ステップで影響可能とされた要素を考慮して，予防対策を開発します。そして対策を実施し，その対策がどのような効果をもたらしているか評価します。
4. **効果のある予防対策を広める**：第三ステップで効果があるとされた対策に関する情報を広め，より多くの地域で実施するよう努めます。

必ずしも一つのステップが完結してから次のステップに移るのではなく，ステップが重なることもあります。また，常によりよいものを目指して，これらのステップは次々と繰り返され，そのたびに得られる新しい情報が次の対策開発のために生かされていくものです。

　一般的に公衆衛生の問題として取り上げられる疾病や負傷などについて，その原因を生物学的に証明しその変化や影響を追うことは，その問題によって差はあれども，比較的容易，もしくは最低限可能なことだと思います。しかし，DVのようにその原因が証明しにくいもの，その実態が隠されているものについて調べることは容易ではありません。しかしながら，1990年代からの研究と試行錯誤を経て，アメリカでは様々なDV予防対策が開発されています。予防対策の効果，特に長期にわたってその効果が続くかどうかなど，研究の成果はこれから見られることだと思います。また，そのような研究をするためには膨大な資金も必要となるので，今後アメリカがどれだけDV予防対策に力を入れていくかによって，私たちがアメリカの成果から学べることも左右されるでしょう。

　アメリカ各地で，特に1990年代から，多くの予防対策が様々な規模で行われています。DVのような現象について研究することは容易でなく，その効果について説得力のある結果はなかなか出されていません。また，新しい試みもどんどん始まっており，その効果については逐次報告されることでしょう。ここでは，アメリカでのDV予防対策の例を少し挙げます。

思春期の子どもたちを対象にした予防対策[19]

　予防対策の例としてアメリカでよく引用されるのは，セーフ・デート（Safe Dates）というプログラムです。正式にこの予防対策を評価するため，研究対象（セーフ・デート参加者）を実験群（効果があると思われる活動に参加する）と統制群（参加しない）の二つのグループに分けて比較することで，効果の有無を調査しました。この研究は1994年11月から1995年3月にかけて，日本の学年でいう中学2～3年生を対象に，ノース・キャロライナ州の郊外

にある14の公立中学校で行われました。セーフ・デートは，思春期の子どもたちを対象に，恋愛関係の中での暴力を予防するために学校での活動を通して教育するプログラムです。地域でも活動を行い，万が一子どもたちが助けを求めた場合，適切なサービスを受けることができるよう備えようとしたのがこのプログラムの特徴でもあると思います。セーフ・デートは，恋愛関係の中で暴力が始まるのを未然に防ぐこと，また，すでに被害を受けている生徒がさらに被害を受けるのを防止し，加害者がさらに加害するのを防止することに焦点を置いています。

実験群となった7つの学校の生徒たちが参加した校内活動は，健康で平等な恋愛関係についての演劇鑑賞，セーフ・デートのカリキュラムに基づいた10時限の保健の授業と，ポスター・コンクールでした。保健の授業は，各学校の保健の教師が中高生の恋愛関係暴力について，またセーフ・デートのカリキュラムについて20時間の研修を受けた後に実施されました。ポスター・コンクールについては，研究対象の生徒全員がポスターは作りませんでしたが，投票していいポスターを選ばなければならなかったので，ほぼ全員がポスターのメッセージには触れていたということです。統制群の中学校では，このような活動は行われませんでした。さらに，全14校の所在するそれぞれの地域で，社会福祉や緊急医療，メンタル・ヘルス，保健所，スクール・カウンセラー，警察などのサービス従事者を対象に，思春期の子どもたちの恋愛関係の中での暴力についてのセミナーがセーフ・デートの活動として20回行われました。また，DV被害者を対象にしたサポート・グループも各地域で提供されました。このようなサービスの情報は，全14校の生徒たちに提供されました。

活動を始める前に，DV加害と被害についてのアンケートが全14校の参加者を対象に行われ，同じアンケートが活動終了1か月後に行われました。その結果によると，実験群で加害者と認められた生徒（加害生徒）は，統制群の加害生徒と比べると，活動参加後の加害率が随分減っていました。心理的虐待に関しては25％，性的暴力は60％，また身体的暴力は60％ほど，

加害率が減っていたということです。実験群では,加害者・被害者ともに地域にあるサービスについての知識は増えたけれど,助けを求めるかどうかについては統制群との差はなかったということです。

両群の被害生徒のアンケート結果を比べると,被害率に違いがほとんどなかったということも報告されています。つまり,DV予防活動に参加しようがしまいが,被害を受けている生徒は被害を受け続けた,ということです。DVを防止するのは被害者の責任ではない,ということが言えるのではないでしょうか。また,被害者と加害者の意識の違いもあるかもしれません。恋愛中の相手に暴力を振るうのはいけないことだ,というメッセージを受け取った加害生徒が,活動後のアンケートではまだ暴力を振るっていても「振るっていない」と,自分をよく見せるためにうそをついたということも考えられるでしょう。

活動終了1年後に同じアンケートが行われたときには,セーフ・デートの活動の効果(活動参加者の加害率の減少)はほとんど失われていたということです[20]。効果を長続きさせようと思えば,同じような活動を続けて行っていく必要があるということでしょう。

男性・男の子を対象にした予防対策[21]

女性に対して暴力を振るっているのは主に男性である,ということから,男性中心のグループが,学校などで暴力防止のための様々な活動をする,というのはアメリカでも以前からあちらこちらで行われていたことです。最近のアメリカでは,男性自身がお手本となって,他の成人男性やこれから育っていく男の子に対してメッセージを送っていくキャンペーンが,予防対策として使われています。

よく知られているのは,フューチャーズ・ウィズアウト・バイオレンス (Futures Without Violence,以下FWV) が始めたコーチング・ボーイズ・イントゥ・メン (Coaching Boys into Men) で,大人の男性が,自分にとって大切な息子,孫息子,甥,弟などに,「暴力を振るうことは強さの証明で

はない」，というメッセージを伝えようとします。こうして身近な尊敬する男性をお手本として，男の子たちが女性に暴力を振るわない男性に育っていくように願うものです。ポスターやテレビのコマーシャルもあり，広く，多くに伝えようというメディア・キャンペーンの一種でもあります。

　他にも，ファウンディング・ファーザー（Founding Fathers）というFWVのキャンペーンもあります。ファウンディング・ファーザーという言葉には「創設者」という意味があります。男性たちが「女性と子どもに対する暴力反対」という声を上げて活動を創設した，という意味でそう名付けられました。実際に，全米に散在する男性たちがキャンペーンの意図に同意し，ファウンディング・ファーザーとして登録しています。登録者の中には，有名な俳優や大手企業のリーダー，裁判官などから，加害者プログラムの男性カウンセラー，学校の運動部のコーチ，会社員などのごく一般の男性も含まれます。このキャンペーンでは，暴力予防対策にもっと資金を出すようにと議会に働きかけたり，予防対策のプログラムのために募金を集めたりしています。主に母の日から父の日にかけての1か月間には，様々な活動が予定され，2003年の父の日には，350人のファウンディング・ファーザーの名前がずらりと並べられた新聞一面の広告が，ニューヨーク・タイムズはじめ，全米の多くの新聞に載せられました。

　こういったキャンペーンや男性向けの予防対策は，DV根絶に向けた重要な活動の一部として，今後も様々な試行錯誤と調査が繰り返されていくことと思われます。

CCRと予防対策[22]

　CCRにも，暴力を未然に防ぐ対策が積極的に取り入れられています。DVが起こる前に予防するということは，人々の考え方を変えることに直結します。DVは社会問題であり，家父長制に基づいた力の不均衡にその根源がある，ということを明確に理解したうえで取り組んでいかなければなりません。私たちの社会の中で男性（男の子も含む）であること，また女性（女の子も含む）

であることはどういうことなのか，そしてその考え方がどのように親密な関係に影響してくるのか，子どもたちは何を通して親密な関係のあり方を学んでいくのかなどが，予防対策の中に反映されるものです。

　DVが公衆衛生の問題であることを大前提とし，公衆衛生問題を取り扱うアメリカ連邦政府の機関であるCDCが，DVの予防対策に大きく関わっています。2002年度にはCDCから資金が下りて，DELTA（デルタ）プロジェクトというCCRのDV予防対策がオハイオ州も含む14州で始められました。DELTAプロジェクトは，各州のDV連合がCDCからの資金を直接受け，州内でDVを未然に防ぐ対策を取り入れたCCRの取り組みをいくつか募り，選ばれたCCRにCDCからの資金を授与し，CCRのトレーニングと技術支援を行っていくというものです。DELTAプロジェクトは，すでに何らかの形で「効果的である」といわれているプログラムを使って予防対策を試みるよう，各CCRに要請しています。

　DELTAプロジェクトでよく使われているのが，先に挙げたセーフ・デートのようなプログラムです。中高生を対象にした予防対策であること，また地域の関係諸機関も含めて活動していくことから，まさにCCRにとって最適なプログラムだといえるでしょう。

　このCCR予防対策もまさに新しい試みで，様々なレベルでの，多機関による協働が見られます。CDCと関係諸機関の公衆衛生問題に関する経験と専門知識，最近著しく増加しているDVを個人ではなくコミュニティの問題としてとらえた研究や情報，全米でネットワークを持つ各州DV連合と地域で活動を続けてきたCCR，そして，忘れてはならないのが，そのCCR対策の最前線で活動している，サバイバーであり，アドボケットです。多くの力が結集されたこれらの対策の効果調査は次々と行われています。そのうちのいくつかを，次章で紹介したいと思います。

第8章　アメリカのDV対策：課題と展望

　本書初版以来，アメリカでもDVに関する多くの調査研究が行われ，また被害者支援のノウハウも蓄積されてきました。その中から，2014年の時点で，日本でも参考になると思われる情報を紹介します。どのような取り組みをする場合も，フェミニストの視点から，社会的抑圧やトラウマの影響を考慮した上で，サバイバーのニーズを汲み取った女性主導の支援を行うことが最も大切です。

これまでの支援の効果と新しい視点からの支援

　地域に根ざしたアドボケットによる被害者支援は，実際にサバイバーの安全に貢献しているという調査結果が，アメリカで発表されています[1]。アドボケットによる早期介入（サバイバーのニーズに合わせてコーディネートされた対応）があった場合，サバイバーが裁判の審議に参加したり，アドボケットからの支援を引き続き受けたりする可能性が高かったということです。加えて，加害者と既に別れていたり，別れる計画をしているという人も多かったと報告されています。PTSDやうつの症状，恐怖感もより減少していました。また，他の調査でも，アドボケットによる支援を受けたサバイバーは，必要な社会資源を入手することができ，周りのサポートが増え，生活の質が向上していたと報告されています[2]。この調査ではさらに，支援を受けた女性は受けなかった女性と比べて，2年後にパートナーから虐待される可能性が低かったという結果もあり，生活状況が改善されたことが，サバイバーを後のDVから守る要素になっていることが考えられます。日本でも，地域に根ざした女性主導の支援は，サバイバーの人権，そして安全と健康を守るた

めに大いに貢献していることでしょう。

　DV被害者支援に関する研究の多くはヘテロ女性対象に実施されてきましたが、2010年にアメリカ全土を対象に実施された、DVと性暴力に関する調査（National Intimate Partner and Sexual Violence Survey、以下NISVS）において、レズビアン、ゲイ、そしてバイセクシュアルの人たちも、ヘテロの人たちとほぼ同じか高い割合でDV被害にあっていることが発表されました[3]。これを受け、LGBTサバイバーのニーズをより理解し、支援の改善に努めることが、早急に必要です。これまでもアメリカでは多くの民間LGBT団体がLGBTサバイバーの支援をし、他の団体やアドボケットの研修を行ってきました。そうした現場のノウハウやLGBTサバイバーのニーズに関する研究などから、様々な提案が出されています。支援者個人の支援姿勢やスキルの改善はもとより、団体自体がどれ程LGBTサバイバーの支援ができる状況にあるか考察し、LGBTコミュニティについて学び、団体の規定や支援の方法の改善を目指してLGBT支援団体と協働する、などの総合的な支援団体のあり方の見直しが理想的です[4]。

　特に、昨今のアメリカでは、LGBTの人たちの人権擁護の動きが活発化しており、2013年に改正された女性に対する暴力に関する法（VAWA）でも、セクシュアル・マイノリティ（性的少数者）のDVや性暴力被害者保護が積極的に盛り込まれたため、LGBT支援のために利用できる助成金も増加しました。今後は、LGBTサバイバーの支援の効果調査なども盛んに行われることと思います。

　性指向や性自認、民族や宗教などの多様性を考慮すると共に、サバイバーの経験してきたトラウマを理解した視点で支援をすることの重要性も強調されています。DVが被害者のメンタル・ヘルスに与える影響やトラウマに関する研究が進み、また被害者支援のノウハウが蓄積されて、アメリカではDV被害者支援において、トラウマ・インフォームド（Trauma-informed、以下TI）[5]という概念が根付いてきました。トラウマ経験がサバイバーに与える多大な影響を考慮した上で、個人に対する支援を提供し、また団体内や

地域ぐるみの支援対策の中でも組織改善，規定作りやサービスのコーディネートなどをする取り組み方です。スタッフの二次トラウマを軽減し，その回復とレジリエンスを促すことも，TI アプローチの大切なあり方です。サバイバーと次のステップについて話し合う時に，話の内容がサバイバーに与える精神的な影響を考えたり，情報の理解度やエネルギーのレベルについて考慮することも一例です。団体のレベルでは，二次トラウマについてスタッフで話し合うようにすることや休暇取得を推奨すること，また，地域ぐるみの対策では，サバイバーの雇用を促すために地域の事業主団体とトラウマに関する話し合いの場を持つことなども，例として挙げられます。TI アプローチは，全く新しいことではなく，女性主導の支援に基づいて，支援活動の全てのレベルでトラウマ理解を組み込んだ支援のあり方だといえるでしょう。

多様な地域ぐるみの DV 対策

　様々な取り組みが地域ぐるみで行われてきましたが，2004 年度から連邦政府の助成金を受けたファミリー・ジャスティス・センター（Family Justice Center，以下 FJC）がアメリカ各地に設立され，2013 年時点でアメリカには 80 以上，またメキシコやカナダ，イギリスなどの海外にも増えているということです[6]。カリフォルニア州サンディエゴ市で 2002 年に始まった FJC は，DV サバイバーが，警察や社会福祉事務所，子ども保護機関など散在する団体に出向いて何度も同じような面接を受け，辛い経験を繰り返し話さなければならないような状態を改善するために，管轄の関係諸機関を一つ屋根の下に集めたもので[7]，日本でワンストップ支援センターと呼ばれているものと同等と考えられます。2012 年に行われたカリフォルニア州での FJC 効果調査によると，サービスにアクセスする際のバリアとして，多くのサバイバーが精神的な辛さや不安感などを挙げたということですが，そのようなバリアも一旦 FJC と連絡が取れたらなくなったというサバイバーが大多数でした[8]。また，FJC のことを知らなかったサバイバーもかなり存在し

たということで，FJC の存在を地域にアピールすることが今後の課題の一つとされています。ただ単に関係諸機関を一つ屋根の下に集めるだけでなく，その支援がきちんとコーディネートされていて，全てのスタッフが研修を受けて女性主導の支援をできる状態でなければなりません。

また，他にも，近年注目されるようになったのは，子ども保護機関が調査に入った家庭内で DV が起こっていると判断した場合，被害者支援の視点からケース対応することを提唱する，セーフ・アンド・トゥギャザー（Safe & Together，以下 S&T）モデルです[9]。DV 加害をしていない親の元に安全に一緒にいる（safe and together）ことが，子どもの健全な成長とトラウマからの回復につながる，との考えからこの名前が付けられています。このモデルでは，主に子ども保護機関がきちんと加害者に対応できることと，DV 被害を受けている親と子どもの支援ができるようになることを目標にしています。そのため，S&T モデル発案者とそのチームが，子ども保護機関や DV 被害者支援団体をはじめ関係諸機関スタッフへの研修を行い，地域ぐるみで協働しスキルアップしていけるよう継続した技術支援を提供します。これまでに，いくつかの州で S&T モデルが試みられています。オハイオ州では，2010 年に試験的に S&T モデルに基づいたケース対応が始まり，その後，全州で同じ対応ができるように研修と技術支援が続いています。その効果調査によると，子ども保護機関のスタッフが，被害者が DV の関係にとどまることを非難することが減り，子どもへの DV の影響に関する懸念が増加したと同時に，子どもへの影響を記録することも増加したということです[10]。

こうした取り組みの効果調査も，他の調査と同じように限界があり，全てを完璧に測定することはできません。しかし，有用な調査結果からもその失敗や成功を学ぶことができ，日本での取り組みに活かせると思います。

DV 予防対策のその後

第 7 章で説明したアメリカの予防対策の効果調査の結果が，この 10 年ほ

どの間に次々と発表されています。特に中高生や大学生などの若者を対象にしたプログラムは、続けて開発・評価され、広められ始めています。

　特に 2000 年代に入って増えているのが、被害者や加害者ではなくバイスタンダー（当事者ではない第三者）に焦点を置いたプログラムです。DV や性暴力（特にその前兆）を直接目撃したり、間接的に見聞きしたりした人が、被害や加害を防止するために何らかの行動をとるような環境づくりを目的とします。DV や性暴力を「他人事」として無視することが、そのような暴力の容認を社会常識にしてしまっているという論理に基づいています[11]。誰が加害者や被害者になりやすいかということに関わらず、皆がコミュニティの一員でバイスタンダーであることに焦点を置くことで、全ての参加者が参加しやすいよう工夫されています。ケンタッキー州では、グリーン・ドット（Green Dot）というバイスタンダー・プログラムによって、性暴力やデート DV などの被害率と加害率に変化がもたらされるかどうか調査しました。州全域から選ばれた 26 の高校を実験群（プログラムあり）と統制群（なし）に分けてプログラムの効果を比較するため、実際の加害と被害に関するデータをのべ 8 万人の高校生から 5 年間に渡って集めました。その結果、性暴力、デート DV、セクハラ、ストーキングを総合して、統制群の高校では少しの減少にとどまりましたが、実験群の高校では 40％ も減少しました[12]。

　どのようなプログラムを使っていても、実際の被害率や加害率の変化をみる研究には多くの困難が伴います。2014 年の時点では、態度や考え方の変化はあったけれど被害や加害には変化がみられなかった、とする調査が大多数です[13]。例えば、第 7 章で例としてあげたコーチング・ボーイズ・イントゥ・メンの効果調査でも、実験群に入っていた生徒はバイスタンダーとして介入する意図と実際の介入は増えたけれども、加害率には変化がありませんでした[14]。プログラムが実際に加害率や被害率の減少につながるかどうかを評価する調査は、DV や性暴力のない社会を目指す取り組みの一部として、今後増加することが予想されます。

　DV 予防対策では、個人に対する取り組みのみではなく、個人同士のつな

がり，地域，また社会全体を対象にした取り組みも大切だと考えます。第 7 章で紹介した DELTA プロジェクトからの報告によると，CDC からの助成により初期から活動をしている 59 の CCR で，最初の 3 年間に行われた規定作成，定期的な研修などを通して，予防に関するキャパシティの向上が見られたということです[15]。全ての CCR が予防に焦点をおいた活動をしており，学校やメディアなどとの連携が強化されていました。助成金に加え，予防に関する情報提供や研修と継続的な技術支援があることで，CCR そのものも強化され，予防対策の充実につながったといえるでしょう。

加害者対策について再考する

ここ数年の間に，加害者対策の効果に関してもさらに研究や討議が重ねられ，加害者プログラムについて再考するための新たな材料が増えています。アメリカで特に議論の続いている効果の有無，加害者対策のあり方，加害者として逮捕された女性や，LGBT 加害者の対応について述べます。

効果の有無論議とフェミニストの視点からの対策のあり方[16]

加害者プログラムには効果があるという一定した調査結果が出ていないため，「効果がない」と言い切ってしまう声がこの 10 年ほどの間にさらに大きくなりました。これまでアメリカでは加害者プログラムの主流はフェミニストの視点から行われてきたものなので，「効果がないからやめるべき」，「他の事をするべき」という意見は，反フェミニスト派の研究者から出されることが多いようです。フェミニストによる加害者プログラムの多くは「男性が女性パートナーに対して振るう暴力は，社会構造に影響されている」という考え方なので，「女性も男性と同様に暴力的である」，と説く反フェミニスト派にはちょうどいい武器として使われているように見受けます。これまでの加害者プログラムのあり方を全面的に否定することは，フェミニストによる加害者対策を否定することにつながります。裁判所が，バタラーを DV 加害

者プログラムではなく，アンガー・マネジメントや薬物治療，カップル面接に送る，というこれまでアドボケットたちが反対し続けてきたことがアメリカでは起こっています。他に，「一人のパートナーからの抑圧的な暴力」という視点ではなく，「カップルとして双方がうまく機能できていない」という視点で，男女の複数カップルが共に参加するようなグループカウンセリングも提案されています。また，1990年代後半あたりから，加害者プログラムや被害者支援団体の運営母体が，メンタル・ヘルス系の団体へと移行が進んできたことも，この現象に影響しているかと察します。DVと社会構造の影響よりも，個人の精神的な病理の影響という考えを重視する傾向があります。

　ここで問題なのは，従来の加害者プログラムを全面的に否定してしまう動きは，何らかの「効果があった」という調査結果を考慮していないということです。例えば，4つの加害者プログラムとその地域における加害者対応のシステムを4年間追跡したエドワード・ゴンドルフによる効果調査からは，男性加害者，その女性パートナー，警察からデータを集め，「効果があった」といえる部分もあり，またどのような要素が「効果」に貢献したかも発表されています[17]。4年後の追跡時に，再び暴力を振るっていたのはプログラム終了者のうち約10％で，女性パートナーの85％が30ヵ月後と48ヵ月後の両時点で，「とても安全に感じる」と回答したということです。さらに，プログラムの内容や長さよりも，プログラムが確実に加害者の参加状況を監視・報告しているか，裁判所が早急に違反者に罰則を与えているか等，加害者への対応が「早急に，確実に」行われていたことが，加害者のプログラム参加を促し，行動を改めることにつながっていたと報告されています。ゴンドルフの効果調査から学べるのは，まさにフェミニストの視点に発するCCRのあり方が加害者対策を左右し，サバイバーの安全を左右した，ということです。もちろん，全てのサバイバーが安全に生活できるようになったわけではなく，全ての加害者が暴力を止めたわけではありません。しかし，完璧に「効果があった」と言い切れるような調査結果は，特に人間行動科学ではあり得ません。このような調査結果から学び，新たな地域ぐるみの対策

を練るのか，DVが焦点でない薬物治療など全く他の療法に変えてしまうのか，あるいは全く何もしないことにするのか，被害者支援団体やアドボケットも含めたCCRでどう加害者に対応するのか，再考する必要があります。

また，アメリカの調査結果を，そのまま日本や他の国のプログラムに当てはめるのも適切ではありません。例えば，アメリカの加害者プログラム参加者は，大多数が逮捕され，裁判所命令による参加で，犯罪歴も多く，教育のレベルが低いなど，DVに限らずどのようなプログラムでも参加率が低い人たちです。これは，日本の現状とは違うのではないでしょうか。プログラムの内容が似ていたとしても，他の要素が違うと，アメリカの調査結果と直接結びつけるのには無理があります。アメリカや他国の調査から学べることは多くありますが，その限界の機微を読み取り，サバイバーやその子どもたち，周囲の人たちの安全，さらに地域全体の安全について考える時，どのように加害者に対応するのが最善なのかを話し合わなければなりません。そういう場に，女性主導の支援を心がけている支援者が関わることが必須です。

女性加害者の場合

ここ数年のDV加害者対策の討議で外すことができないのが，男性パートナーへのDVの加害者として逮捕された女性への対応です。第1章で紹介したアメリカでの義務逮捕や逮捕優先制度の導入で，加害者の逮捕率の上昇と共に，被害者である女性の逮捕の増加が続いています[18]。また，被害女性が逮捕された上に，加害男性と一緒に加害者のプログラムに参加させられていることもあります。オハイオ州でもそういった懸念から，被害者支援団体，最高裁判所，加害者プログラム，警察などの代表者からなる委員会で，女性のプログラム用の基準を作成するに至りました[19]。特にヘテロの関係の中で女性が男性パートナーに対して使う暴力は，男性の女性に対する暴力とは違う背景で起こっています。DVで逮捕されたヘテロ女性が暴力を使った理由の殆どは，自衛や報復，すなわち男性パートナーから元々暴力を振るわれていたからだ，という研究結果も出ています[20]。「何があっても暴力はいけない」

という考え方はもっともですが，DVという複雑な問題に，そんなに単純な解決策はありません。特にDVを長年，それも極度な暴力を経験してきたサバイバーは，警察や裁判所，シェルターなどによる第三者介入を何度受けても解決につながらず，最終的に暴力を使った，ということが多いようです[18]。

そのような女性たちは被害者でもあるため，一般の男性加害者と違ってセーフティ・プランが必要で，トラウマの症状で苦労していたりします。そこで，そのようなニーズを考慮して，女性のために作られたプログラムも近年増えています。例えばヴィスタ・プログラム（VISTA Program）では，DV被害経験がある女性のうち，自己防衛以外の理由で暴力を使った人のみを対象としています[21]。最初のアセスメントで暴力が自己防衛であったと判断された場合，サバイバーとしてその女性の特別なニーズにあった支援を受けるよう推薦するにとどまり，本人の意思・計画を優先します。もちろん，こうした女性対象のプログラムも地域ぐるみの対策の一部として，サバイバーの人権と安全のために，関係諸機関との協力体制の中で運営する必要があります。

LGBT 加害者の場合

LGBT加害者への対応についての情報は少なく，裁判所から従来の加害男性のプログラムへ送られることが多いようです。ヘテロの加害男性は，性別役割にこだわることが多く（男はこうあるべき，女はこうあるべき，など）LGBTの人たちに対する偏見も強いと言われます。そこで，ゲイ加害者の場合，専用のグループがなければ，ヘテロの加害男性のグループに参加するよりも個人面接が行われることが一般的です。レズビアン加害者の場合は，専用のグループがなければ，女性加害者のグループへ，あるいは個人面接となることが多いようです。アメリカの各州が制定している加害者プログラムの基準の中に，少数民族や移民のバタラーなどと同様に，マイノリティへの対応の仕方として，LGBTバタラーに関しても言及されていることがあります。例えば，オハイオ州では，LGBTバタラーのグループを始めるには地域のLGBT支援団体と協力すること，プログラムの内容にLGBTのDVの経験を

反映することなどが盛り込まれています[22]。いずれにせよ，地域の状況，加害者プログラムの力量，現行グループのメンバーの態度，またLGBT加害者本人の事情などを考慮した上で，被害者の安全やプライバシーが守られるような対応が望まれます。

　歴史的に「男」が加害者「女」が被害者という見方でDVを理解してきたため，警察も，裁判所も，加害者プログラムも，また被害者支援団体も，LGBTの関係でのDVの場合，加害者に操られやすくなります。例えば，レズビアンの加害者が自分が被害者だと上手に訴えた場合，しっかりとしたアセスメントができなければだまされてしまう可能性は非常に高いといえます[23]。サバイバーの二次加害を予防するため，LGBTのDV経験について支援者もしっかり学び，LGBT支援団体と普段から連携できる体制を整えておくことが不可欠です。

第9章　被害者支援に携わるあなたに

　DV被害者支援は大変な仕事です。無償のボランティアとしてだったり，他にも仕事を持ちながら支援をしている人が大勢おられることでしょう。また，支援者の大多数が女性であることを考えると，収入を得る仕事と支援活動の両方をこなし，家では家事や家族の世話などに追われている場合も多いと思います。その上，サバイバーの体験談を聞くことは辛く，私たち支援者の肩に大きくのしかかってくることでもあります。さらに，サバイバーやその子どもたちの安全に加えて，支援者自身の安全も考えなくてはなりません。どんなスーパー・ヒューマンも，生身の人間です。これらの多大なストレスに影響されないわけがありません。

　本章では，支援を続けていくために支援者自身が知っておくべきこと，被害者支援団体がスタッフをサポートするために知っておくべきことを述べます。支援者自身のケアをすることは，効果的な被害者支援に，確実につながります。

ストレスとバーンアウト

　ストレスそのものは，必ずしも悪いものではありません。誰もが何らかのストレスを持って，毎日を過ごしています。例えば，結婚，昇進，宝くじが当たるなど，いわゆる「嬉しい出来事」でもストレスになりますし，病気，別離，商談破綻などのいわゆる「不幸な出来事」も，ストレスになります。また，どんな仕事にもストレスはつきものですが，対人援助の仕事は特にストレスが高いものです。日々のストレスにうまく対応することは，ストレスの高い仕事を長く続ける秘訣と言えます。しかし，DV被害者支援のように慢性的にストレスが続く仕事の場合，ストレス解消が難しいこともあり，放

っておくと，バーンアウトという状態につながります。

　バーンアウト（burnout）は，「燃え尽き」と訳されています。オイル・ランプの燃え方を想像すると，この言葉が実によくバーンアウトを表現していることがわかります。オイル・ランプの芯が新しく，オイルにたっぷり浸かっている間は，非常によく燃えます。どんどん燃え続けて芯が短くなり，エネルギー源であるオイルがなくなってくると，炎は小さくなり，最後には燃え尽きて（バーンアウト）なくなってしまいます。被害者支援のような対人援助の仕事のバーンアウトは，次のように定義できます。
「自分自身を枯渇してしまうこと。自身の身体的，精神的資源を使い果たしてしまうこと。自分自身，あるいは社会的価値によって課された非現実的な期待に応えるため，過度に努力をして自分自身をすり減らしてしまうこと。」[1]

　支援者には，実にこのようなバーンアウトを経験する危険があることを覚えておきましょう。対人援助の仕事をしている人は，常に他人のニーズを満たすことに注意を払っていても，自分のニーズを満たすことにあまり注意を払わない傾向があると思います。バーンアウトは急に起こるものではありません。オイル・ランプの炎が少しずつ小さくなっていくのと同じように，徐々に起こるものですから，いつも自分の状態を知っておくことが大切です。

　ここに，バーンアウトの5つのステージをご紹介します[1]。自分自身がどのステージにいるか，チェックしてみてください。

第1ステージ：エネルギーがたっぷりあり，仕事への期待も，満足度も高い。
第2ステージ：エネルギーが流出し，仕事の能率が下がる。物事をぐずぐず先延ばしにしたり，疲労感が抜けなかったりすることがよくある。この時点でエネルギーの補給をしなければ，第3ステージに入ることになる。
第3ステージ：慢性疲労，身体疾患を経験し始める。
第4ステージ：支援者の日常生活が，次のようなバーンアウトの症状に影響される。感情を表現できない，皮肉な態度をとる，イライラする。仕事に対する熱意を失って悲観的になり，欲求不満と

　　　　　　　自分に対する疑い，孤立感や落ち込みで一杯になる。
第5ステージ：もう仕事ができない状態になる。カウンセリングを受けたり，
　　　　　　　仕事を変えたりすることもあるが，アルコールや薬物などに
　　　　　　　頼って乗り切ろうとすることもある。

　被害者支援に関わり始める頃は，皆が第1ステージにいることでしょう。その後，第2，第3ステージ辺りを行ったり来たりしている人も多いと思います。バーンアウトのステージ後半にいる支援者は，次のような経験をしていると思われます[1]。

- 仕事に行って，同僚やサバイバーと会うのが非常に辛い，嫌だ。
- 仕事と私生活を切り離すことができない。帰宅後も，支援しているサバイバーのことを考えて落ち込んだりする。
- サバイバーや同僚，自分の家族に対して無関心な状態。DVに関してさえ，自分の時間と労力を割くほどの価値があるのか，と無感動になっている。
- 以前は楽しんでいた趣味や社交活動にも興味がない。
- 自分のスキルや判断力に自信が持てない。
- 頑固，皮肉な態度をとり，新しいアイディアに反抗する。
- 周囲から孤立する。会議の時に黙っていたり，就業時間中に抜け出したりする。
- その他：怒り，仕事の効率の低下，エネルギーの低下，疲労，苛立ち，病気がち（慢性の風邪，食欲や睡眠パターンの変化），否定的・消極的態度，など。

　自分の状態に気を配ることと周囲からサポートを得ることで，日々のストレスにうまく対処し，バーンアウトを避けることは可能です。オイル・ランプの例で考えてみると，ランプをよく観察し，炎が大きく燃えすぎているときは，芯の出し方を少し短めにすることで，炎の燃え過ぎとオイルの使い過ぎを防止し，ランプをより長く使えるでしょう。また，オイルがなくなって

しまう前に注ぎ足せば，たとえ小さな炎であっても常に明かりを灯すことができます。あるいは，一度炎を消してしまった後，しっかりオイルを注ぎ，再び火を点けることもできるでしょう。被害者支援の仕事も，最初は意気込んで，たっぷりのエネルギーをどんどん燃やし，素晴らしい働きができるかもしれません。しかし，長続きするためにはエネルギーの使い方や充電の仕方など，自分で注意していなければなりません。また，スーパービジョンを受けたり，同僚など周囲の人にも注意をしてもらい，そのアドバイスを得ることも役立つでしょう。また，スタッフの状態に気を配ることは，支援団体の責任でもあります。

二次トラウマ

　支援者はサバイバーと直接話をする中で，彼女たちの被害経験を毎日のように聞くことになります。サバイバーのトラウマ体験談や，その被害体験による苦しみを日常的に見聞きする結果，支援者に身体的，感情的，精神的に不快な影響が出ることがあります。それを二次トラウマといいます[1]。アメリカで二次トラウマの研究は，主に救急隊員や消防士など救急関係の職員や，医師・看護師など医療者を対象にして発展しました[2]。1990年代から多くの研究が行われ，DVやレイプのトラウマ経験者に携わるカウンセラーやソーシャル・ワーカー，シェルターのスタッフなどを対象にした研究も増え[3]，DVサバイバーの支援者に役立つ情報も入手しやすくなってきました。

　ここに，二次トラウマを経験している支援者によくみられる症状を挙げます[1]。

1. **身体的症状**：疲労感，エネルギー不足，睡眠または食欲障害，筋肉のコリ，腹痛，頭痛，性行為時の困難
2. **感情的症状**：孤立感，寂しい，うつ・落ち込み，希望がない，不安，悲しい，悲嘆，恐れ，怒り，圧倒感
3. **精神的症状**：何度も同じ夢をみる，悪夢，フラッシュバック，驚愕反応，やる気の減退，皮肉な態度，仕事に関する思いや考えが頭

　　　　　から離れない，自分の安全や被害の可能性などについて考
　　　　　えすぎる，周囲の見方の変化，何も感じなくなる
4.　社会的症状：周囲からの孤立，仕事から遠ざかる，仕事のし過ぎ，仕事
　　　　　と私生活のバランスが取れない

　二次トラウマとバーンアウトの症状，また直接のトラウマを経験したDVサバイバーの経験するPTSDなどの症状には，共通点がたくさんあります。しかし，基本的な違いは，支援者の経験する二次トラウマの特徴は，本人が直接トラウマを経験していなくても，毎日のように他人のトラウマに関わっていることです。症状の特徴としては，支援者の価値観や考え方，行動が他人のトラウマに影響されることが多いため，支援者自身の生活や自己のとらえ方，個人的な人間関係，仕事の仕方などに大きな変化が出てくることだと言われています[2]。

　また，支援者の中にはDVやその他の虐待を経験してきた人も多いため，その影響も懸念されます。支援者が自分自身のトラウマ経験から回復するためにカウンセリングを受けるなど，支援の働きを始める前にしっかり準備することによって影響を緩和することもできるでしょう。

　支援者が毎日のように接するサバイバーの経験談，また他の関係者から聞くDVや性暴力，子ども虐待などの話は，時に非常に残忍です。その場にいなかったのに，話を聞いているだけで私たちの記憶の中にそのイメージが焼き付けられ，鮮明に思い出されることがあります。自分自身が経験したトラウマではないのに，それらのイメージがフラッシュバックとして出てくることさえあります。対人援助の仕事をを自ら選ぶ人は，自然と他人の経験や感情に移入し，理解することが上手にできる人が多いようです。それゆえ，二次トラウマを経験しやすいかもしれません。二次トラウマは，英語では「同情疲労」（コンパッション・ファティーグ，compassion fatigue）とも呼ばれます。Compassionという言葉をただ単に日本語に訳すと「同情」になりますが，この英語の言葉にはもっと深い意味があります。辞書で引くと，「他人の苦

痛に対する同情的な気づきで，共にその苦痛を軽減したい，という願望を含む」[4]となっています。まさに，そういう思いを持って支援に当たっているのがアメリカのアドボケットであり，日本の支援者だと思います。

　DV被害者支援に携わっていれば，誰もが二次トラウマを経験する可能性があると言えるでしょう。それがわかっているということは，ある程度予防も可能なわけです。支援者個人のみならず，支援団体全体が，責任を持って支援者の二次トラウマに対応していくべきです。予防と対応策の両方を交えて挙げますので，参考にして下さい。

1. **二次トラウマについて理解する**[3]：支援団体自体が，二次トラウマについての情報を，雇用の際にスタッフに伝えることは，予防につながります。また，支援者も様々な症状を経験し始めたら，それを「私がおかしい」，「大したことはない」などど思わず，二次トラウマである可能性を考慮しなければなりません。スタッフの集まる会議などで，時々二次トラウマについて話し合ったり，別に学習会のような機会を設けることも役立つでしょう。

2. **仕事の内容を多様化する**[3]：サバイバーのカウンセリングを専門にしていたり，シェルターで働くなど，トラウマ経験者の話を聞くことを毎日の仕事にしていると，二次トラウマの可能性は非常に高くなります。仕事の中にシステム・アドボカシーを定期的に組み込むことで，トラウマ体験談を聞くことを少なくできるでしょう。例えば，地域の集まりや大学の授業でDVについて講義する，地域でのDVの理解度について調査する，またCCRの働きに参加することなども役立つと思います。

3. **休暇を取る**：ボランティアでも，雇用されていても，支援の仕事から休暇を取ることは非常に大切です。二次トラウマの予防と緩和に限らず，エネルギー充電のつもりで休みをしっかり取ることで，息の長い支援ができるでしょう。支援団体も，スタッフが休暇を取ることに対して理解を示し，推奨するようでなければなりません。

4. **安全で快適な職場にする**：支援者個人が自分の安全に気を配ることのみ

ならず，支援団体がスタッフの安全を考慮する必要があります。次の「支援者の安全確保」のセクションで詳細を述べますので，参考にしてください。また，快適な職場であることは，二次トラウマの予防や緩和に大いにつながります。例えば，残酷な被害経験を聴いてから，サバイバーの安全を確認して送り出した後，殺風景な灰色の事務所を目にするより，暖かい色で，柔らかいイスなどがあるところの方が，気分を切り替えることが容易でしょう。また，旅行先での風景写真や家族の写真，好きな詩などを自分のスペースに置いておくことも，二次トラウマが生じる可能性が高い職場では必要なことです[3]。

5. **支援者自身のサポート体制を固める**：家族や友人などの中に，支援活動の大変さを理解してくれる人たちがいることも大きなサポートになりますが，支援者が所属する団体の中にサポート体制があることは非常に大切です。民間グループの中でも，行政の団体の中でも，同じ支援の仕事に携わる者同士で話し合う時間を持つことも，大きな支えになります。トラウマに関する話し合いのみにとどまらず，同僚の誕生日を祝ったり，時には長い昼食の時間をとって外食するなど，職場での社交活動も，結束を固めお互いをサポートすることになるでしょう[3]。スーパービジョンも二次トラウマの予防と介入に大切な役割を果たします。本章最後の項目を参照してください。

支援者の安全確保[5]

　バタラーの言動によってサバイバーに危害が加わることはもちろん，支援者の安全が脅かされることもあります。DV自体は親密な関係の中で起こることですが，サバイバーが支援を受け始めた時点で，DVはその関係の外部に露出します。支援者という第三者が介入し始めたことになるのです。それがバタラーに知られた場合，サバイバーのみが危険な目に遭うこともあると思いますが，稀に支援者に危害が及ぶことも考えられます。支援者が，サバイバーの考え方や行動に影響を与えて，バタラーの思い通りにならないよう

にしている，とバタラーが考えることもあるからです。支援者が誰であるかわかった場合，思いつめたバタラーであれば，電話をかけてきて脅したり，家まで来て危害を加えたり，ということもあり得ないとは言い切れません。また，裁判所など公の場でバタラーに会うこともあるかもしれませんし，相談所やカウンセリング・センターなども一般に知られている場所ですから，バタラーが訪ねてくることは容易です。

　実際に危険な目に遭う可能性は，低いかもしれません。しかし，後で「しまった」と思ったのでは遅すぎますから，以下の注意事項を参考にしてください。

1. **支援しているサバイバーとの境界線をはっきりさせる**：自宅住所や電話番号など，支援者の個人的な情報をサバイバーに渡さないようにしましょう。バタラーと別れた後のサバイバー支援だったとしても，サバイバーがバタラーの元に戻ることは十分あり得ますし，そのときに支援者の個人的な情報がバタラーに渡る可能性もあります。また，サバイバーと友達のようになってしまっていたら，あとで支援者とバタラーの関係も面倒なことになるでしょう。特に小さなコミュニティ（人口の少ない地域，移民やLGBTの仲間内など）では要注意です。

2. **常に支援者自身の安全確認をする**：バタラーが自分のことを知っているのか，バタラーやサバイバーが自分の家のそばに住んでいるのかなど，確認して近づかないようにすることも一つの手です。私は自分のグループにいるバタラーの自宅の住所と職場を必ず確認し，近所に住んでいたらその通りを必ず避け，その人の働いている店などには行かないようにしていました。また，サバイバーからの情報で，バタラーが支援者に危害を加える可能性などが知らされた場合は，真剣に受け取りましょう。

3. **バタラーの危険性を軽視しない**：もし危険を感じたら，警察や警備員などに，必ず助けを求めましょう。バタラーが支援者にも危害を加える可能性があるようなケースに関わっている場合などは，仕事でも私生活の中でも誰かと行動するようにすることも必要かもしれません。科学的に

証明できないかもしれませんが，人間に与えられている本能が危険を示してくれることがあると私は信じています。アメリカの支援者やカウンセラーは，危険を察知する本能を軽視しないようにと，サバイバーにも注意を促します。

4. **周囲に自分の行動予定を知らせておく**：出かける場所や戻る時間の予定など，必ず同僚や家族に伝えておくようにしましょう。職場で，スタッフの行動予定や連絡先などを常に書き込むノートなどを用意しておくのも一つのアイディアです。予定より遅れる場合は必ず電話連絡を入れるなど，職場や家族の間で取り決めておいて，お互いの安全に気を配るようにすることも大切です。

5. **行動のパターンを時々変える**：毎日同じ電車に乗り，同じ駅で降り，同じ道を通って自宅に戻るという行動パターンを取っていると，もしバタラーや誰かに後をつけられたら，簡単に自宅住所などの個人的な情報が知られてしまいます。できるならば，多少行動パターンを変えると，万が一の際に危害の予防に役立ちます。車で移動する場合は，駐車する位置を変えたり，わざと事務所やセンターから遠い場所に停めて歩くこともいいでしょう。

6. **サバイバーを外で見かけても声を掛けない**：基本的な守秘義務の一つでもあります。支援者の個人的な生活の中で，例えば買い物や食事に出かけたとき，子どもの学校に行ったときなど，支援と何の関わりもないところで，支援中の，あるいは以前関わったことのあるサバイバーに出会うかもしれません。支援者の方からは声を掛けない，ということは前もって伝えておきましょう。相手の方から挨拶をしてくれば挨拶を返せばいいと思いますが，彼女の状況について尋ねたり，DVに関する話などをすることは避けましょう。周囲に他の人がいる場合，サバイバーの個人的情報を漏らすこととみなされます。また，サバイバーがその場にバタラーと一緒にいる可能性があることも，考慮しなければなりません。サバイバーのその時点での状況がわからないのに彼女に話しかけたりする

と，彼女，あるいは支援者自身も危険な状況に置かれるかもしれません。
7. **支援団体にできること**：シェルターはもちろんのこと，相談所，カウンセリング・センターなどでも，スタッフの安全を考える必要があります。火事や地震などの非常時の対応策に加えて，DV 関連の安全対策を準備し，スタッフ全員が熟知するようにしなければなりません。もしもバタラーがやってきて，面接中のサバイバーに会いたいと言ってきたらどうするか，誰がどのように対応するか，警察を呼ぶとしたらどの時点で呼ぶのかなど，スタッフ全員の安全を考えた対策を持つことも，支援団体の責任です。

ここまで見てよくわかるように，アメリカでは，アドボケットとサバイバーの間に明確な境界線を引くことが推奨されます。しかし，最初からそうだったわけではありません。本来，被害者支援の働きは，サバイバーやその友達，家族などが中心になって始まりましたから，プライバシーを守るということにそこまで神経を使わなかったことでしょう。もちろん，今でも友達や家族の支援があることは，サバイバーの回復にとって大きな支えです。日本でも，アメリカでも，そこに違いはないと言えます。

アメリカでアドボケットの公私をしっかり分けるようになったのは，ソーシャル・ワークやカウンセリングなどの学位を取り，資格を取得して「専門家」となったアドボケットが増えたことも影響していると思います。クライアントと仕事上以外の関係を持たないことは，倫理綱領のひとつであり，非常に大切なものです。支援者という立場を，意図的でなくとも利用してサバイバーの行動や計画に影響を与えることも可能なわけですから，資格の有無に関わらず，境界線をしっかり引くことは支援者倫理の基本といえるでしょう。また，アドボケット側の心身の安全を守る必要性が強調されるようになったのも，アメリカで支援者の公私をしっかり分けようとする理由の一つです。アメリカでも，この 30 年ほどの間に多くのアドボケットがバーンアウトや二次トラウマで困難を経験し，アドボケットの安全確保やセルフ・ケア

に関してのノウハウや経験が増えてきたのです。

　境界線を明確にすることは，サバイバーとの関係をビジネスとして扱っているようで，冷たいように思う人もいるかもしれません。しかし，バーンアウトや二次トラウマの問題は深刻です。公私の区別をしっかりつけることを習慣にしていると，息の長い支援ができます。

セルフ・ケア：自分自身を大切にする

　アメリカでも日本でも，被害者支援に関わっている人たちは，サバイバー，子どもたち，周りの人のケアをすることに時間とエネルギーをたくさん費やしますが，自分自身のケア，セルフ・ケアは，最後の最後になりがちです。そうしていると，バーンアウトや二次トラウマの可能性が非常に高くなります。この大変な，そして大切な仕事の質を落とさず，長く続けていくためには，しっかりセルフ・ケアをすることが肝心です。さらに，支援者が自分自身を大切にしながら働く姿は，サバイバーやその子どもたちにとって大切な模範となります。多くのサバイバーが夫や恋人にその人権を踏みにじられ，それで「当然」と言われ，また「当然」だと信じ込まされてきました。支援者が「あなたもわたしも，同じ人権を持つ大切な存在なんですよ」と言いながら，実際に自分自身を大切にしている姿を示すことができれば，そのメッセージがしっかり生きてくることでしょう。

　支援者のセルフ・ケアを，畑仕事にたとえてみます。畑に野菜や果物を植えておいて，何もしなくても自然の恵みによってある程度の収穫はあるでしょう。しかし，雨が降らなかったり，雑草が勢いよく生えたり，害虫に荒らされるなどして，収穫が台無しになることがあるかもしれません。そういう災害や危害の可能性を理解した畑の持ち主が，作物に十分な水や肥料を与えて危害から守るよう工夫をすれば，収穫は豊作となり，作物の出来も一層よくなります。収穫（サバイバーとの接し方，支援の結果や効果，内容など）をよくしようと思えば，畑の持ち主（支援者）が，いつも畑の手入れをしっかりしておくことが肝心なのです。

以下はセルフ・ケアのヒントです[5]。

1. **スーパービジョンを受ける**：被害者支援の仕事には，「こんなときはどうすればいいんだろう」といった疑問が必ず出てきます。自分より経験のある上司や先輩支援者からアドバイスをもらえるような，スーパービジョンの時間を定期的に持つようにしましょう。再考するべきサバイバーとの接し方や守秘義務，境界線など，様々な話し合いができる場があることは，セルフ・ケアの大きなプラスになります。
2. **決まった日課を持つようにする**：支援の仕事は，時に「他人の人生に振り回される」ように感じることもあるものです。福祉事務所や裁判所に行ったり，夜遅くに電話相談に応じたり，とにかくばたばたすることが多くあります。毎日の仕事の日課はばらばらかもしれません。せめて，個人的な生活の日課が安定していると，仕事から離れたところで落ち着けます。
3. **運動する**：心身の健康はつながっています。定期的に運動することによって，肩のコリ，腰の痛みや頭痛などの症状を緩和することは可能です。また，落ち込みやイライラなどの感情的な症状も，体を動かすことによって発散されます。景色のいいところを探してジョギングしたり，ゴルフの打ちっぱなし，自転車，ダンス，水泳，呼吸法など，何かできることがあると思います。自分の体調に合わせてできる範囲で，また自分の好きな方法を探すことが長続きの秘訣です。
4. **自分の気持ちを表現する**：支援の仕事のことやそのストレスについて，信頼できる家族，友人や仲間たちに話すことも大切なセルフ・ケアです。自分の中に辛い思いを溜め込むのは，バーンアウトの元です。適切な形で吐き出しましょう。信頼できる人たちが私たちの仕事の大変さと大切さを知ってくれている，というのは大きな励みになります。また，仕事のことを人に話すときは，必ず守秘義務を守ることを忘れないようにしましょう。
5. **自分の限界を知る**：これまでの経験や健康状態，自分の生活の状況など

を考慮しながら，自分にどこまでできるのか，どこまでするつもりがあるのか，時間をとって考えてみましょう。支援の働きには，終わりはありません。持ち込まれる全ての仕事に完璧に応えようとしていたら，バーンアウトは時間の問題でしょう。他の支援者がもっと働いているように見えても，自分に同じようにできるかどうか，判断するのは自分自身です。周りのプレッシャーに負けず，現実的に自己査定をしましょう。こうして自分の限界を知り，それに合わせて仕事をしている支援者は，サバイバーにとっていい模範となるでしょう。

6. **楽しみ，安らぐ**：被害者支援は，厳しい仕事です。自分への褒美，また息抜きとして，楽しみの時間や安らぎの時間を持つことを忘れないでください。踊る，歌う，子どものように公園でブランコに乗る，ゆっくり風呂に入る，お祈りや瞑想の時を持つ，おいしいお茶を飲む時間を作るなど，自分なりのやり方で，仕事での精神的緊張を和らげる習慣を持ちましょう。

支援団体の責任とスーパービジョン

　第一線で働く支援者たちが責任ある仕事を効率的に行うためには，周りのサポートが非常に重要です。これまで述べてきたバーンアウトや二次トラウマの可能性も大いにあり，支援者を抱える団体が，そのスタッフに必要なサポートを提供することは，その団体の社会的責任といえるでしょう。

　被害者支援団体が支援者に提供できるサポートの中で最も大切なものの一つに，スーパービジョンがあります。スーパービジョンは，スポーツの選手とコーチの関係に似ていると思います。選手の不得意なところ，癖になっているところをコーチは知っていて，改善するためのアドバイスを与えたり，選手が自分自身で考えることができるように励ましたりするものです。時には厳しい意見を述べることもあるでしょう。支援者にも，そのようなコーチが必要なのです。スーパービジョン（supervision）は，スーパーバイズ（supervise，監督する）の名詞形です。スーパービジョンを与える人はスー

パーバイザー（supervisor）と呼ばれ，スーパービジョンを受ける人はスーパーバイジー（supervisee）と呼ばれます。

　スーパービジョンでは，個々のケースについて話し合われることもありますし，支援者のスキルやサバイバーとの接し方で改善していきたいことなどが話し合われたりします。スーパーバイザーが新しい社会資源についての情報を提供したり，支援者の働きに役立つと思われる知識を伝えたりすることもできます。カウンセリングのように支援者の個人的な問題に立ち入るのではなく，仕事の上でどのような対応をしているかがスーパービジョンの中心です。ただ，支援者の個人的な問題や価値観などにより支援に支障が出ることもありますので，そのような場合は，個人的な問題に触れる必要も出てきます。また，支援者に二次トラウマの症状があったり，困難なケースに対応している場合は，スーパーバイザーと一緒に対応している，という安心感が支援者の大きな支えになるでしょう。事情によってはスーパービジョンに加えて（あるいは代わって），専門家によるカウンセリングなどが必要と判断されることもあるでしょう。

　スーパービジョンには，スーパーバイザーとスーパーバイジーが一対一で行う個人スーパービジョンと，一人のスーパーバイザーが複数のスーパーバイジーに一度に対応するグループ・スーパービジョンがあります。時間や経済的な問題などで，グループ・スーパービジョンが行われる場合も多くあります。支援者一人一人が，自分の状況について話し合う時間が十分にないと思われることもありますが，他の支援者に対するアドバイスや他の支援者の経験から学べるのも利点です。個人スーパービジョンでは，じっくり一人の支援者の必要に焦点を当てることができ，何か大きな問題を抱えているような場合は，特にそのために個人スーパービジョンの時を持つことも必要でしょう。また，支援に関する問題以外のこと，例えば支援者の家庭での問題が仕事に影響を与えていたり，他の支援者との間に何らかの問題が生じた場合など，個人スーパービジョンが役に立ちます。

　スーパービジョンを受けることで，支援者の孤立感や，一人で問題を背負

っているような圧倒感もなくなるでしょう。実際，スーパーバイザーとスーパーバイジーは，支援しているサバイバーにどうかかわるか，共同責任を持つことになるのです。スーパーバイザーになる人は，当然，DVに対する理解があり，支援経験の豊富な人がいいでしょう。また，縦・横の人間関係をスムーズに保つことができ，周囲からの信頼の厚い人であることも大切です。そのようなスーパーバイザーを育成していくことも，今後の日本のDV運動の課題だと思います。

おわりに

　本書の枠組みは，概ね DV アドボケット新人研修のために作成されたオハイオ・ドメスティック・バイオレンス・ネットワーク（Ohio Domestic Violence Network，以下 ODVN）の新人研修マニュアル，Domestic Violence Advocacy Fundamentals: Training Manual から応用しました。このマニュアルを作成するために多大なる努力を惜しまなかった ODVN のトレーニング・チームのメンバーたちに心から感謝したいと思います。2001 年に始まった，もともとのトレーニング・チームは，ダイアナ・シガノヴィッチ，サンディー・ハンツィンガー，そしてこのマニュアル作成の中心となって一番時間と労力を割いたテゥーズデイ・ライアン・ハート。彼女たちの知識，経験，そして情熱をかけた働きがなければ，この英語版のマニュアルもトレーニングそのものも実現しなかったことでしょう。このマニュアルを車一杯に積んで，オハイオ州のどこまででも出向き，小さな村から大きな都市まであちこちで活躍するアドボケットたちと語り合い学び合えたことは，私の宝です。夜遅くまで準備したり，共にトレーニングをしてきたサンディーとテゥーズデイは苦楽を共にした同志です。マニュアルのドラフトができてから ODVN を去ったダイアナは，その経験の豊かさと弁護士としての知識の確かさから，私たち皆の憧れの大先輩です。その他のスタッフ，ベッキー・メイソン，リタ・ドイル・スミス，タナ・カーペンター，ジェニファー・シャープ，キム・ミラー・デイビス，ジョー・サイモンソン，レベッカ・クラインにも，いつも私の日本での活動に興味を示し，応援してくれていることに感謝します。また ODVN のディレクター，ナンシー・ニーロンにも感謝を表します。日本向けに本を書き講演活動をしていきたいと申し出た私に，ODVN では異例のパートタイムのスタッフとして残ることを許してくれたのはナンシーです。ODVN で働き続けることによって得ることのできる情報と経験は，日本向けに情報発信しようとする私にとって大変貴

重です。

　本書を執筆するに当たってお世話になった方々に感謝したいと思います。まずは初めて自分で本を書くという作業をすることにした私の，目次のみの企画を承諾してくださった朱鷺書房の北岡敏美さん。なんとも勇気のある行為だったと思います。私の思いとアイディアを信じてくださったことに，心から感謝しています。この本の原稿を読んで貴重なご意見をくださった，原田知子さん，藤木美奈子さん，山田真由美さん。彼女たちの的を射た助言なしで，この本の出版はあり得ませんでした。講演や知り合いの紹介などを通して出会った日本のDV運動の有志たち。早く本を出してほしいと願い，声を掛けてくださったこのような方たちの励ましがあったからこそ，この本を書き上げることができました。また，アメリカにおいても日本においてもDV運動の中ではまだまだひよっこである私がこの本を書けたのは，これまでこの運動を続けてこられた多くのサバイバーとその支援者たちの，まさに血のにじむような努力があったからです。

　私にとって「本を書く」という初めての経験は，個人的な生活にも大きな変化を与える決断でした。それゆえに，個人的な感謝もここに表します。住み慣れたとはいえ，異国の地にあって生活していくことは時には苦しいこともあります。いざとなれば助けてくれるという心のよりどころでもある日本の両親，姉，妹，祖母に心から感謝したいと思います。私の第二の故郷，オハイオ州コロンバス市での私の家族となったコロンバス日本語キリスト教会のメンバーの皆さん。辛い時も嬉しい時も，祈りをもって支えてくださっていることに感謝します。そして，目には見えないけれど，誰よりも私を愛し，私の人生の目的を示してくださる神様に心から感謝を捧げます。

2004年10月

尾崎礼子
米国オハイオ州コロンバス市にて

注・参考文献

本書における言葉遣い

1) **性指向**とは，どの性別が恋愛や性愛の対象になるか，という個人の傾向のことで，異性愛や同性愛，両性愛が含まれます。一方，**性自認**は個人が自分の性別をどう自己認識するかということで，生まれ持った身体的性別と精神的な性別が一致しない場合もあります。

2) **性別二元論**とは，性別には「女」と「男」の二種類しかない，という考え方，**異性愛主義**は，恋愛は男女間のみに成立する，という考え方。

3) **ヘテロ**：英語のヘテロセクシュアル (heterosexual) の略で，性的に異性に興味がある人，異性愛者の意。

4) **LGBT**：レズビアン（女性同性愛者），ゲイ（主に男性同性愛者），バイセクシュアル（両性が恋愛・性愛の対象になる人，あるいは相手の性別にこだわらない人），トランスジェンダー（心と体の性が異なる人や性別を変える人など）の略。LGBTのみならず，多様な性を生きるセクシュアル・マイノリティ（性的少数者）の人たちを含めた総称として使われることもあります（参照：NPO法人LGBTの家族と友人をつなぐ会，http://lgbt-family.or.jp/）。

5) **家父長制**：様々な角度から定義されますが，ここでは「性と世代に基づいて，権力が不均等に，役割が固定的に配分されている規範と関係の総体」（瀬地山，1996, P.79）で，単に男性（父）を家長とする封建的な家族制度のことではなく，伝統に基づいた男性本位の社会的支配が大きな社会構造において，また個人の関係においても繰り広げられることを指します（参考文献：瀬地山角 1996,「東アジアの家父長制」社会情報，5（2），79–92）。

第1章　ドメスティック・バイオレンスという社会問題

1) Ganley, A. (1995). Understanding domestic violence: preparatory reading for trainers.In S. Schechter (Ed.), *Domestic violence/child protection:Integrated curriculum*(pp. 3-32). Columbus, OH: Ohio Department of Human Services.

2) Davies, J.&Lyon, E (2014). *Domestic violence adovocacy:Complex lives/difficult choices* (2nd ed.). Thousand Oaks, CA:Sage.

3) Ritmeester, T. (1993). Batterers' programs, battered women's movement,and issues of

accountability. In E. Pence & M.Paymar (Eds.), *Education groups for men who batter: The Duluth model* (pp. 169-178). NY: Springer.

4) Schecter, S. (1982). *Women and male violence: The visions and struggles of the battered women's movement.* Boston: South End Press.

5) **CR**：バタード・ウィメンズ・ムーブメント (BWM) について学ぶとき，アメリカのことを学んでいても，日本の動きについて学んでいても，CR という言葉がよく出てきます。CR はコンシャスネス・レイジング（Consciousness Raising）の略で，コンシャスネス（Consciousness, 意識，自覚）をレイズする（Raise の現在形，上げる），すなわち「意識高揚」ということです。あらゆる問題について意識を高めるために人々が集まり話し合うということを CR と呼んでいますが，特に DV やレイプ運動などの女性解放運動や，アメリカの市民権運動などの社会改革に関する市民運動の中で使われる言葉です。

6) Ohio Domestic Violence Network (2002). *Domestic violence advocacy fundamentals: Training manual.* Columbus, OH: Author.

7) National Network to End Domestic Violence (2014). *Domestic violence counts 2013: A 24-hour census of domestic shelters and services.* Washington,DC: Author.

8) **アメリカの義務逮捕制度，逮捕優先制度**：自分の妻や恋人に暴力を振るうことが違法となり，社会的な制裁が加わると期待したアメリカのアドボケットたちは，その結果が芳しくないことに気づかされました。根強く残る「夫婦喧嘩は犬も食わない」的な考えがあること，また法律があっても DV の危険性に関する理解がないことは明らかでした。そこで提案されたのが義務逮捕制度あるいは逮捕優先制度です。義務逮捕制度では，警察官が DV で出動した場合「必ず誰かを逮捕しなければならない」ということで，DV の逮捕率は一挙に上がりました。また逮捕優先制度というのは「誰かを逮捕するのが好ましい」ということで，必ずしも逮捕する必要はないのですが，逮捕をしないのならばその理由を明白に書式で報告することが警察官に要求されます。警察での DV トレーニングなどもこれらの制度のせいで増えました。しかし，その制度導入から数年たち，統計を見てみると女性，それも被害者の逮捕が増えていることが判明しました。誰を逮捕したらいいかわからない警察官がとりあえず両方逮捕してしまう，という現象が起きています。さらなる研修の必要性が説かれている。

9) **サポートグループ**：DV のサポートグループの場合，DV 被害経験を持つ人た

ちが集まり，お互いの経験を話し合って支えあい，情報交換し，お互いの将来の選択などを話し合うことが目的です。そのグループのメンバーの一人，専門のカウンセラー，あるいはグループを主宰しているシェルターなどの団体のアドボケットがリードを取ってグループが行われるのが，アメリカでは一般的にサポートグループと呼ばれるものです。

10) **タスクフォース**：ある目的を達成するために，短期間，あるいは半永久的に集まるグループのこと。地域ぐるみの DV 対策のタスク・フォースの場合，地域の関係諸機関の代表者が集まって，被害者や加害者にどのように対応するべきかなどの規定をつくり，その規定を作り終えたら次の目的に向かうなど，半永久的なものが多いと思われます。

11) **アメリカの DV 月間**：アメリカでは DV 月間は Domestic Violence Awareness Month（DV に気づく月）と呼ばれています。起源は，被害者やその子どもたちの支援活動をしているアメリカ中のアドボケットたちをつなげようと，1981 年 10 月に全米 DV 連合が祝った Day of Unity（デイ・オブ・ユニティ，一致の日）だということです。最初は一日だけだったのが，すぐに様々なイベントを含んだ一週間になり，1987 年 10 月には DV 月間となりました。現在，この一致の日は，毎年 10 月の第一月曜日に祝われています。DV による死者を追悼し，サバイバーの生還を祝い，DV をなくすために活動している人たちをつなげる，というのがもともとのテーマでした。現在はそれに加えて，様々な目的を持って広く活動が行われる月間となってきました。その活動の中でも有名なサイレント・ウィットネス・プロジェクト (www.silentwitness.net) は，夫や恋人によって殺された女性の実名などを書いた白い紙を赤い木製の人型に貼り，実在の人物が殺され，地域にどのように影響を与えているか訴えるものです。
1990 年にミネソタ州で草の根のグループから始められたこのプロジェクトは，1994 年には全米でのプロジェクトとなり，1997 年にはアメリカ全州から代表者が集まり，ワシントン DC の国会議事堂前でのマーチも行われました。現在も，10 月には各地域でサイレント・ウィットネスやその他の多様なアイデアを用いて DV 啓発運動が続けられています。（参考文献：National Resource Center on Domestic Violence (2001). *Domestic violence awareness: Tips, tactics, and resources.* Harrisburg, PA: PCADV, NRC.）

12) **加害者プログラム**：英語のバタラー・インターベンション（Batterer Intervention）

を直訳すると,「加害者介入」となります。プログラムが介入することによって加害者が振るってきた暴力を阻止することを指します。「加害者介入」という日本語はしっくりこないように思い,プログラムに参加することによって加害者を更生させるという目的もあるため,本書初版では「加害者更生」と表記しました。しかし,プログラムの効果調査で肯定的な結果ばかりが出ているわけではないことや,「更生」という言葉を使うことでプログラム参加者の更生に必要以上の期待がかかることを懸念して,改訂版では「加害者プログラム」という表現を使っています。

13) Ortega, D. & Busch-Armendariz, N. (2013). In the name of VAWA. *Affilia,28(3).225-228.*

14) **フェミニスト・フェミニズム**:フェミニズムの中にも様々な潮流がありますが,基本的には社会構造の中にある男女の格差によって女性が抑圧されていることを認め,その解放の必要性を説くのがフェミニズムです。それに同意し,男女が平等であるべきことから,抑圧されている女性の権利のために様々な活動をするのがフェミニストといえるでしょう。さらに,階級,性指向,人種・民族なども考慮し,様々な社会的抑圧を経験している人たちの平等を求めるのもフェミニズムです。親密な男女関係の中で起こる暴力の中に支配と抑圧の関係を見出し,被害を支え,加害者が責任を取ることや組織の改善を求めるアメリカのアドボケットや日本の支援者たちは,まさにフェミニストだと思います。(参考文献:江原由美子 1997,「視座としてのフェミニズム」 江原由美子・金井淑子編 「フェミニズム」新曜社)

15) 特権グループ,標的グループという表現と,社会的抑圧の構造に関しては主にcultural bridges トレーニングからのアイディアを使っている。(参考文献:olson, j,& Stuehling, Jane (2002). *Dismantling oppression and forging justice: Training of trainers training manual.* Questa, NM: cultural bridges.)

16) Pence, E. (1987). Critical thinking. In Kate Regan (Ed.), *In our best interest:A process for personal and social change* (pp. 15-27). Duluth, MN: Minnesota Program Development.

第2章 ドメスティック・バイオレンスのからくり

1) Pence. E. & Paymar, M. (Eds.) (1993). *Education groups for men who batter: the Duluth model.* NY: Springer.

2) Emerge (2002). *Emerge batterer intervention group program manual.* Cambridge, MA:

　　　　Author.
3) ビダーマンの強制の表についての説明は，次の3文献を参照した。
    - Amnesty International (1973). *Report on torture,* Longon: Gerald Duckworth.
    - Biderman, A. D. (1957). Communist attempts to elicit false confessions from AirForce prisoners of war. *Bulletin of the New York Academy of Medicine, 33*(9),616-625.
    - Herman, J. L. (1992). *Trauma and recovery*. New York: Basic Books.
4) NiCarthy, G. (1986). *Getting free: You can end abuse and take back your life*. Seattle: Seal Press.
5) Russell, D. (1990). *Rape in marriage*. Bloomington, IN: Indiana University Press.
6) Walker, L. (1979). *The battered woman*. New York: Harper & Row.
7) Ohio Domestic Violence Network (2002). *Domestic violence advocacy fundamentals: Training manual*. Columbus, OH: Authorからの引用と，上記6番のWalkerの著書に記述されているものの中で，筆者が問題ありとしたものを同時に記載している。
8) **アンガー・マネジメント**：アメリカでよく行われているアンガー・マネジメント・プログラムは，教育的なグループ・カウンセリングとして行われることが多く，通常1～2回から，長くても10週間程度の短期間のプログラムです。一般的にアンガー・マネジメントのグループで参加者が学ぶことは，「怒り」の感情について，「怒り」の感情がこみ上げてきたらどのようにリラックスするか，「怒り」と暴力につながる考え方をどのように変えていくか，また暴力を振るわずに「怒り」をどのように表現するかです。このようなアンガー・マネジメントは，「怒りをコントロールすることができない人」のためのものであると，専門家が指摘します。バタラーは，うまく「怒り」を利用して，パートナーを脅したり，全く怒ることなくパートナーや子どもに身体的・性的など様々な暴力を振るいます。家でパートナーに暴力を振るうバタラーは，仕事先や近所では「優しい人」として知られていたりします。実際には「怒りを上手にコントロールしている人」，がバタラーではないでしょうか。アメリカでもDVの理解不足から，バタラーにアンガー・マネジメントのプログラムに参加するよう命令する裁判官がいまだに大勢います。怒りをうまくコントロールできないからDVが起こる，と理解したままで加害者に接していては，さらに上手に「怒り」を利用することをバタラーに教えることにもなりかねません。

DVについての正確な基本的知識を広めていくことは，アメリカでも，日本でも，支援者に課せられた大きな課題です。（参考文献：Ozaki, R (2002, 4th Quarter). Confronting dynamics of domestic violence:Batterers Intervention Programs. *For the Record*. 21-24. Ohio Judicial Conference.）

9) Ohio Domestic Violence Network(2002). *Domestic violence adovocacy fundamentals: Training manual.* Columbus, OH: Author.

10) Bancroft, L. (2002). *Why does he do that?: Inside the minds of angry and controlling men.* New York: Berkley Books.

11) Hamby, S & Grych, J (2013). *The web of violence: Exploring connection among different forms of interpersonal violence and abuse.* New York:Springer.

第3章　ドメスティック・バイオレンスの影響

1) Herman, J.(1992). *Trauma and recovery:The aftermath of violence–from domestic abuse to political terror.* New York: Basic Books.

2) 小西聖子，2001年，「トラウマの心理学：心の傷と向き合う方法」日本放送出版協会

3) Kaplan, H. I., Sadock, B. J., and Grebb, J. A. (1994). *Kaplan and Sadock's synopsis of psychiatry: Behavioral sciences, clinical psychiatry* (7th ed.). Baltimore, MD: Williams & Wilkins.

4) American Psychiatric Association (1994). *Diagnostic and statistical manual of mental disorders* (4th ed.). Washington, DC: Author.

5) Ohio Domestic Violence Network (2002). *Domestic violence advocacy fundamentals: Training manual.* Columbus, OH: Author. からの引用と，その他様々な文献や筆者の経験，他の専門家からの見聞を基にした。

6) 山田真由美，2002年，「アメリカの医療現場におけるDV発見の取り組み：スクリーニングとスタッフトレーニング」，長谷川京子監修・日本DV防止・情報センター編「DV防止法活用ハンドブック」，朱鷺書房

7) American Psychiatric Association (2013). *Diagnostic and statistical manual of mental disorders* (5th ed.). Arlington, VA:Author.

8) Ohio Domestic Violence Network (2002). *Domestic violence advocacy fundamentals: Training manual.* Columbus, OH: Author. から，このセクションに挙げたポイン

トの多くを引用した。
9) Matsakis, A. (1996). *I can't get over it: A handbook for trauma survivors*(2nd ed.).Oakland, CA: New Harbinger Publications.
10) Bancroft, L. & Silverman, J. (2002). *The batterer as parent: Addressing the impact of domestic violence on family dynamics*. Thousand Oaks, CA: Sage.
11) McAlister Groves, B. (2002). *Children who see too much: Lessons from the Child Witness to Violence Project*. Boston: Beacon Press.
12) Bancroft, L.(2002). *Why does he do that?: Inside the minds of angry and controlling men*. New York: Berkley Books.
13) Davies, J. & Lyon, E. (2014). *Domestic violence advocacy: Complex lives/difficult choices* (2nd ed.). Thousand Oaks, CA:Sage.
14) Roy, M. (1988). *Children in the crossfire: Violence in the home–how does it affect children?* Deerfield Beach, FL: Health Communications.
15) American Psychological Association. (2014). *The road to resilience*. Retrieved from http://www.apa.org/helpcenter/road-resilience.aspx
16) 「バリア・モデル」の内容は Grigsby, N. & Hartman, B. (1997). The barriers model: An integrated strategy for intervention with battered women. *Psychotherapy*, 34(4),485-497 からアイディアを得たが、日本の状況に合うように多少変更した箇所もある。

第4章　被害者支援の働き

1) 個人に対する支援，システム・アドボカシー，またエンパワメントについては，主に次の文献を参照し，筆者のアイデアや例などを多数加えた。Ohio Domestic Violence Network (2002). *Domestic violence advocacy fundamentals: Training manual*. Columbus, OH: Author.
2) **社会資源**：「援助を必要とする対象者が活用しうる有形・無形すべての資源，たとえばボランティア，専門職員，個人，グループなどの人的資源，資金，設備，会場などの物的資源，および法律・制度，機関などの社会的資源をいう。」（抜粋：宮脇源次・森井利夫・瓜巣一美・豊福義彦，1992年，『新版・社会福祉入門』ミネルヴァ書房）
3) Merriam-Webster(1993). *Merriam-Webster's Collegiate Dictionary* (10th ed.). Springfield, MA:Author.

4) Haaken, j. (1990). A critical analysis of the co-dependence construct. *Psychiatry,53*(4), 396-406.
5) Frank, P. B. , & Golden, G. K. (1992). Blaming by naming: Battered women and the epidemic of codependence. *Social Work,* 37(1), 5-6.
6) Dear, G. (1996). Blaming the victim: Domestic violence and the codependency model. In *Australian Institute of Criminology Conference Proceedings* (pp, 285-290). Australiann Institute of Criminolcgy
7) 女性主導の支援とサービス主導の支援については，主に次の文献を参照し，筆者のアイデアや例などを加えた。Davies, J. (1998). *Safety planning with batterd women: Complex lives/ difficult choices,* Thousannd Oaks, CA: Sage.
8) **情報譲渡許可**：アメリカではどの医療や社会福祉の団体でも，クライアント・患者の個人的な情報を必要に応じて他の専門家などと交換するために，情報譲渡許可書が用意されています。DVシェルターなども，同様です。必ずこの書類には，クライアントの名前，交換される情報の内容，情報を受け取る人の名前・所属・住所・電話番号，情報譲渡の目的が記入されます。クライアント本人の署名を持って，許可が成立します。できるだけ詳細に , 譲渡される情報についてサバイバーから許可を得ておくと，その情報の持ち主であるサバイバーが，どの情報を誰にどれだけ伝えるか決定できるので，安心してもらえます。もちろん，支援者や支援団体がそのサバイバーとの約束を守って，彼女の許可した情報のみを伝える（例外を除いて）ことは非常に大切です。また，前もって，他の専門家との連携が必要な場合があること，許可書の内容，例外などについて，サバイバーにきちんと説明しておくことは必須です。通常アメリカでは，情報譲渡許可書は3ヶ月間有効とされます。有効期限が切れる時に，許可書を更新する必要があるかどうかサバイバーと話し合ってから，更新しなければなりません。
9) **スクリーニング**：特に医療現場で，DV被害に関して患者に質問すること。来院の理由に関わらず，全ての女性の患者に対してDVスクリーニングを行うことにより，万が一被害者がいた場合何らかの援助につなげるのが目的です。同時に，DVについての情報を全ての患者に伝えることによって，広くコミュニティ全般に伝えることになりますので，啓発活動という目的も担っています。医療従事者への継続的な研修が必須です。

10) Ohio Domestic Violence Network (2002). *Domestic violence advocacy fundamentals: Training manual.* Columbus, OH: Author. に挙げられたポイントを基にした。

第5章　支援者に必要な技法

1) Ohio Domestic Violence Network (2002). *Domestic violence advocacy fundamentals: Training manual.* Columbus, OH: Author.
2) Cournoyer, B. (1991). *The social work skills workbook.* Belmont, CA:Wadsworth.
3) Ohio Domestic Violence Network (2002). *Domestic violence advocacy fundamentals:* Training manual. Columbus, OH: Author. に挙げられたポイントを基にした。
4) Roberts, A. R. (Ed.)(1995). *Crisis intervention and time-limited cognitive treatment.* Thousand Oaks, CA: Sage.
5) Greenberg, L. & Paivio, S. (1997). *Working with emotions in psychotherapy.* New York: Guilford Press.
6) American Psychiatric Association (2013). *Diagnostic and statistical manual of mental disorders* (5th ed.). Arlington, VA: Author.
7) Michigan Coalition Against Domestic and Sexual Violence（発行年度不詳）.*MCADSV new service provider training participant manual & resource guide.* Okemos, MI:Author. から引用し，筆者が多少の変更を加えた。

第6章　サバイバーの安全確保

1) Davies, J. (1998). *Safety planning with battered women: Complex lives/difficult choices.* Thousand Oaks, CA: Sage. から全体的なアイディアを引用し，筆者が多少の変更を加えた。
2) Davies, J. (1998). *Safety planning with battered women: Complex lives/difficult choices.* Thousand Oaks, CA: Sage.
3) Stöckl. H., Devries. K., Rotstein, A., Abrahams,N., Campbell, J., Watts, C., & Moreno, C.,G. (2013). The global prevalence of intimate partner homicide: A systematic review. *The Lancet, 382*(9895), 859-865.
4) 内閣府男女共同参画局，2012 年,「男女間における暴力に関する調査報告書」
5) Hardesty, J. L.. (2002). Separation assault in the context of postdivorce parenting: An integrative review of the literature. *Violence Against Women*, 8, 597-621.

6) DeKeseredy, W. S., Rogness, M. & Schwartz, M. D. (2004). Separation/divorce sexual assault: The current state of social scientific knowledge. *Aggression and Violent Behavior*, 9, 675-691.

7) National Center for Injury Prevention and Control (2003). *Costs of intimate partner violence against women in the United States.* Atlanta, GA: Centers for Disease Control and Prevention.

8) DeNavas-Walt, C., Proctor, B. D. & Smith, J. C. (2013). *Current Population reports, P60-245, Income, poverty, and health insurance coverage in the United States: 2012.* Washington, DC: U. S. Census Bureau.

9) 厚生労働省，2011 年，「平成 22 年賃金構造基本統計調査（全国）の概況」

10) 河北新報 Online News 2014 年 8 月 19 日，「社説：被災地の DV、地域の人権意識高め防止へ」http://www.kahoku.co.jp/editorial/20140819_01.html

11) 東日本大震災女性支援ネットワーク，2014 年，「東日本大震災，災害・復興時における女性と子どもへの暴力, に関する事例調査」男女共同参画会議 監視専門調査会 防災・復興ワーキング・グループ（第 3 回）追加資料 6-2

12) **コネチカット州の事件**：この事件は Thurman v. City of Torrington（サーマン対トリントン市）の訴訟としてアメリカではよく知られている事件で，結局，勝訴したこの事件の被害者，トレイシー・サーマンには 200 万ドルが支払われました。この事件をきっかけに，コネチカット州は DV に対する警察の対応を研究し，1986 年には新しい DV 法が制定・施行されました。この新 DV 法の中には，第 1 章でも述べた義務逮捕制度も盛り込まれていました。

13) ドメスティック・バイオレンス国際比較研究会, 吉浜美恵子 (代表編者)，2000 年「夫・恋人からの暴力」，教育資料出版会

14) 女のスペース・おん（2008），DV に関する医療対応についての全国調査

15) Websdale, N. (2000). *Lethality assessment tools: A critical analysis*.Retrieved from Violence Against Women Online Resources, http://www.vaw.umn.edu/Vawnet/lethality.htm

16) Ohio Domestic Violence Network (2001). *Domestic violence reference manual for Ohio Adult Parole Authority*. Columbus, OH: Author からアイディアを引用し，筆者が変更を加えた。

17) Bancroft, L. (2002). *Why does he do that?: Inside the minds of angry and controlling*

men. New York: Basic Books.
18) Bancroft, L. & Silverman, J. (2002). *The batterer as parent: Addressing the impact of domestic violence on family dynamics.* Thousand Oaks, CA: Sage.
19) Campbell, J. C., Glass, N., Sharps, P. W., Laughon, K., & Bloom,T.(2007). Intimate partner homicide review and implications of research and policy. *Trauma,Violence, & Abuse,8* (3), 246-269
20) **子どものDV目撃に関する通報義務**：子どものDV目撃に関する州法の改正は，全米各地のアドボケットが，子どもと被害を受けている母親をDVから守るために要求した動きですが，思わぬ問題が出てきました。例えば，子ども虐待（の内のネグレクト）の定義に子どもがDVを目撃したことが入れられたミネソタ州では，2001年9月の虐待の通報が，全州各地で前年同月に比べて50から100％増加しました。「DVを目撃した」ということで，シェルターに子どもを連れて入居してきた被害者を，皆通報するように，という通達があったからです。その結果，DVを目撃した子どもが誰かはわかったけれども，その全ての通報に対応するための人員，資金などの社会資源が子ども保護機関には備わっていないことが明確になりました。子どものDV目撃のみの場合，子ども保護機関への通報なしに，必要なサービスを子どもやその両親に提供することが推奨されています。

第7章　アメリカのDV対策

1) 加害者対策のセクションは，筆者がこれまで受けてきたトレーニング，実際のプログラムでの経験，米国オハイオ州での様々な加害者対策関係のプロジェクト，加害者プログラム関係者や被害者アドボケットとの話し合いなど，何年かに渡って蓄積した知識や経験に基づくものです。プログラムに関する参考文献として，次のものを挙げておきます。
   - Emerge (2002). *Emerge batterer intervention group program manual.*Cambridge, MA: Author.
   - Lindsey, M., McBride, R., & Platt, C. (1993). *AMEND: Breaking the cycle, philosophy and curriculum for treating batterers.* Littleton, CO: Gylantic.
   - National Institute of Justice(1998). *Batterer intervention: Program approaches and criminal justice strategies.* Washington, DC: U. S. Department of Justice.

- ODVN Batterers Intervention Committee (2002). *The self-evaluation tool for batterers intervention programs.* Columbus, OH: Author.
- Pence, E. & Paymar, M. (Eds.)(1993). *Education groups for men who batter: the Duluth model.* New York: Springer.

2) **グループ・ファシリテーター**：ファシリテーターは，英語の動詞ファシリテート（facilitate，助ける）の名詞形，助ける人（facilitator）です。「ファシリテートは単に「助ける」だけではなく，何かを引き起こしたり，成し遂げたりするのを助ける，という意味があります。アメリカで加害者グループをリードする人がファシリテーターとよく呼ばれるのも，参加者の考え方，態度や行動に変化をもたらし，パートナーに対して暴力を使わないという目的を成し遂げるためのプロセスを手助けする，という意味があります。

3) ODVN Batterers Intervention Committee (2010). *Standards for batterers intervention.* Columbus, OH: Ohio Domestic Violence Network.

4) アンガー・マネジメント：注・参考文献，第2章の8番を参照。

5) Lee, M. Y., Uken, A., & Sebold, J. (2004). Accountability for change: Solution-focused treatment with domestic violence offenders. *Famillies in Society :The Journal of Contemporary Social Services, 85*(4),463-476.

6) Stuart, G. L., Moore, T. M., Hellmuth, J. C., Ramsey, S. E., & Kahler, C. W. (2006). Reasons for intimate partner violence perpetration among arrested women. *Violenc Against Women, 12*(7), 609-621.

7) Das Dasgupta, S. (1999). Just like men?: A critical view of violence by women.In M. Shepard & E. Pence (Eds.), *Coordinating community responses to domestic violence: Lessons from Duluth and beyond* (pp.195-222). Thousand Oaks, CA: Sage.

8) Bennett, L. & Williams,O.(2001). *Controversies and recent studies of batterer intervention program effectiveness.* VAWnet:National Resource Center on Domestic Violence.Retrieved from http://www.vawnet.org/Assoc_Files_VAWnet/AR_pdf.

9) Brigner, M. (2001). *The Ohio domestic violence benchbook: A practical guide to competence for judges and magistrates.* Columbus, OH: Family Violence Prevention Center.

10) Aldarondo, E. & Mederos, F. (2002). *Programs for men who batter :Intervention and prevention strategies in a diverse society.* Kingston, NJ: Civic Research Institute.

11) タスク・フォース：注・参考文献，第1章の9番を参照。

12) Pence, E. & Shepard, M. (1999). An introduction: Developing a coordinated community response. In M. Shepard & E. Pence (Eds.),*Coordinating community response to domestic violence: Lessons from Duluth and beyond* (pp. 3-23).Thousand Oaks, CA: Sage.

13) Hart, B. (1995, March). *Coordinated community approaches to domestic violence.* Paper presented at the Strategic Planning Workshop on Violence Against Women, National Institute of Justice, Washington, DC.

14) 以下の文献を参考にし，著者が例や意見などを加えた。
    - Ohio Domestic Violence Network (1999). *Themis: A manual for legal advocates.* Columbus, OH: Author.
    - Shepard, M. & Pence, E. (Eds.), (1999). *Coordinating community responses to domestic violence: Lessons from Duluth and beyond*. Thousand Oaks, CA: Sage Publications.

15) Pence, E. (1999). Some thoughts on philosophy. In M. Shepard & E. Pence (Eds.), *Coordinating community responses to domestic violence: Lessons from Duluth and beyond* (pp. 3-23). Thousand Oaks, CA: Sage.

16) **フォーカス・グループ**：少人数のグループを使って，質問を投げかけ，話し合いをしながら，調査されている事象についての情報を入手する方法。話し合いの形式になるので，書式を使うアンケート調査よりも生きた情報が入手しやすいけれども，人手と時間も必要です。オハイオ州のDV連合では，不定期ですが，州内のDVシェルターなどの利用者のフォーカス・グループを行い，実際のサバイバーの経験から，サービスや規定などの改善に必要な情報を入手するようにしています。

17) National Center for Injury Prevention and Control (2003). *Costs of intimate partner violence against women in the United States*. Atlanta, GA: Author.

18) Potter, R. H. & Krider, J. (2000, Fall). Teaching about violence prevention: A bridge between public health and criminal justice educators. *Journal of Criminal Justice Education,*11(2), 339-351.

19) Foshee, V., Bauman, K., Arriaga, X., Helms, R., Koch, G. & Fletcher L. G. (1998). An evaluation of Safe Dates, an adolescent dating violence prevention program. *American Journal of Public Health, 88(1)*, 45-50.

20) Foshee, V., Bauman, K., Greene, W., Koch, G., Fletcher L.G., & MacDougall, J. (2000). The Safe Dates Program: 1-year follow-up results. *American Journal of Public Health,*

90 (10), 1619-1622.
21) 参照：http://www.futureswithoutviolence.org/, http://www.coachesorner.org/, http://www.founding-fathers.org/
22) 「CCR と予防対策」のセクションは，オハイオ州の DELTA プロジェクト資金を受けた CCR のトレーニング用内部資料と，モンタナ州 DV 連合の DELTA プロジェクトに関するウェブサイト，カリフォルニア州 DV 連合のニュースレター，DELTA Reader (2004, February) を参考にした。

第 8 章　アメリカの DV 対策：課題と展望

1) DePrince, A. P., Labus, J., Belknap, J., Buckingham, S., & Gover, A. (2012). The impact of community-based outreach on psychological distress and victim safety in women exposed to intimate partner abuse. *Journal of Consulting and Clinical Psychology, 80*(2), 211-221.
2) Bybee, D. I., & Sullivan, C. M. (2002). The process through which an advocacy intervention resulted in positive change for battered women over time. *American Journal of Community Psychology,* 30(1), 103-132.
3) Walters, M.L., Chen J., & Breiding, M.J. (2013). *The National Intimate Partner and Sexual Violence Survey (NISVS): 2010 Findings on Victimization by Sexual Orientation.* Atlanta, GA: National Center for Injury Prevention and Control, Centers for Disease Control and Prevention.
4) Network laRed. (2010). *Open mind open doors: Transforming domestic violence programs to include LBGTQ survivors.* Boston, MA: Author. Retrieved from http://tnlr.org/wp-content/uploads/2011/02/Open_Minds_Open_Doors.pdf
5) **トラウマ・インフォームド**（Trauma Informed）という概念は，元々はメンタル・ヘルスのサービスを求めてやってくる人の多くが性虐待や DV などからくるトラウマを抱えていることに注目し，治療サービスのみならずシステム全体がトラウマを考慮した構造である必要がある，という考えから編み出されたものです。（参照：Harris, M. E., & Fallot, R. D. (2001). *Using trauma theory to design service systems.* Hoboken, NJ:Jossey-Bass.）その後，多くの分野で応用され，DV 被害者支援 でも研修や組織改善のために活用されています。（参照：National Center on Domestic Violence, Trauma & Mental Health. Special Collection: Trauma informed

domestic violence services. http://www.vawnet.org/special-collections/DV Trauma Informed-Overview）

6） 参照：http://www.family justice center.org/index.php/home.html
7） Gwinn, C., Strack, G., Adams, S., & Lovelace, R. (2007). The Family Justice Center Collaborative Model. *St.Louis University Public Law Review, 27*, 1-42.
8） EMT Associates.(2013). *Final Evaluation Results：Phase II California Famil Justice Initiative Statewide Evaluation EXECUTIVE Summary*.Retrieved from http://www.familyjusticecenter.org/index.php/jdownloads/finish/41-evaluation-a-out-comes/728-evaluation-a-outcomes-full-report-of-california-family-justice-initiative-statewide-evaluation-july-2013.html
9） David Mandel & Associates. (2013). *Safe and Together model*. Retrieved from http://endingviolence.com/wp-content/uploads/2013/01/st_model.pdf.
10） Jones, S. C. & Steinman, K.(2014). *Ohio Intimate Partner Collaborative: Final evaluation report of the Safe and Together training program*. Columbus, OH: Authors. Retrieved from http://endingviolence.com/wp-content/uploads/2014/04/Ohio-Safe-and-Together-Model-Training-Final-Evaluation-Report-March-2014.pdf.
11） Coker, A. L., Cook-Craig, P. G., Williams, C. M., Fisher, B. S., Clear, E. R.,Garcia, L. S., & Hegge, L. M. (2011). Evaluation of Green Dot: An active bystander intervention to reduce sexual violence on college campuses. *Violence Against Women,17*(6), 777-796.
12） この効果調査は，ケンタッキー大学がCDCからの助成金を受けて，2009年から2014年にかけて行ったもので，著者も研究補助員として関わりました。最初の結果報告は2014年9月の記者会見にて行われましたが，詳細にわたる報告は今後発表され続ける予定です。（参考：Hautala, K. (2014, September10). Green Dot effective at reducing sexual violence. *UKNOW: University of Kentucky News*. Retrieved from http://uknow.uky.edu/content/green-dot-effective-reducing-sexual-violence）
13） Ozaki, R. & Cook-Craig, P.G. (2013, December). *Prevention 101: Understanding the levels of prevention and application to practice*. Presented at the 15 ᵗʰ Annual Ending Sexual Assault and Domestic Violence Conference. Lexington, KY.
14） 60分間の研修を受けた高校の運動部のコーチが，女性に対する尊敬の態度やデートDV防止について，週に一度15分程度（11週間）男子部員と話し合う

というもの。(参考文献:Miller, E., Tancredi, D. J., McCauley, H. L., Decker, M. R., Virata, M. C. D., Anderson, H. A., ... & Silverman, J. G. (2012). "Coaching Boys into Men": A Cluster-randomized controlled trial of a dating violence prevention program. *Journal of Adolescent Health*, 51(5), 431-438.)

15) Cox, P. J., Finkelstein, D. M., Perez, V. E., & Rosenbach, M. L.(2010). Changes in capacity among local Coordinated Community Response Coalitions (CCRs) supported by the DELTA Program. *Journal of Family Social Work*, 13(4), 375-392.

16) Gondolf, E. W. (2012). *The future of batterer programs: Reassessing evidencebased practice*. Boston: Northeastern University Press. を参考にして、過去約10年間に加害者対策に関してアメリカを中心に行われてきた研究や討議についての重要事項を挙げ、筆者の意見を加えた。

17) 参加対象となった加害者プログラムは、4団体ともフェミニストの視点に基づき、認知行動の論理を使い、地域で長く運営されてきたプログラムでした。プログラムの期間は3ヶ月から12ヶ月、内容も講義中心、あるいは話し合い中心のグループ、などのプログラムそのものにも違いがあり、また裁判所命令で参加し始めるまでに2週間かかるか、あるいは数ヶ月かかるかなどの、地域ぐるみの対策としての違いも見られました。調査の参加者合計は、加害者840名と女性パートナー482名。(参照:Gondolf, E. W. (2004). Evaluating batterer counseling programs: A difficult task showing some effects and implications. *Aggression and Violent Behavior, 9*(6), 605-631.)

18) Miller, S. L., & Meloy, M. L. (2006). Women's use of force: Voices of women arrested for domestic violence. *Violence Against Women*, 12(1), 89-115.

19) Ohio Domestic Violence Network. (2011). *Guidelines for programs working with women who use force*. Columbus, OH: Author.

20) 主な参考文献:
    - Miller, S.L. (2005). *Victims as offenders: The paradox of women's violence in relationships*. New Brunswick, NJ: Rutgers University Press.
    - Stuart, G. L., Moore, T. M., Hellmuth, J. C., Ramsey, S. E., & Kahler, C. W. (2006). Reasons for intimate partner violence perpetration among arrested women. *Violence Against Women, 12*(7), 609-621.

21) Larance, L.Y., Hoffman-Ruzicka, A., & Shivas, J.B. (2009). *Vista: A program for women*

who use force – Curriculum guide. Morristown, NJ: Jersey Center for Nonviolence.
22) Ohio Domestic Violence Network. (2010). *Ohio standards for batterers intervention programs*. Columbus, OH: Author.
23) Hassouneh, D., & Glass, N.(2008). The influence of gender role stereotyping on women's experiences of female same-sex intimate partner violence. *Violence Against Women, 14* (3), 310-325.

第 9 章　被害者支援に携わるあなたに

1) Ohio Domestic Violence Network (2002). *Domestic violence advocacy fundamentals*: *Training manual*. Columbus, OH: Author.
2) Stamm, B. Hudnall (1997, Spring). Work-related secondary traumatic stress. *PTSD Research Quarterly, 8*, 1-6.
3) Bell, H., Kulkarni, S., & Dalton, L. (2003). Organizational prevention of vicarious trauma. *Families in Society, 84* (4), 463-470.
4) Merriam-Webster(1993). *Merriam-Webster's collegiate dictionary* (10th ed.).Springfield, MA: Author.
5) Ohio Domestic Violence Network (2002). *Domestic violence advocacy fundamentals*: *Training manual*. Columbus, OH: Author に挙げられたポイントを基にした。

事項索引

あ行

アンガー・マネジメント　38, 145, 167, 192, 199

エマージ（Emerge）　20, 140, 147, 191, 198

エンパワメント　23, 38, 75, 76, 77, 78, 84, 89, 93, 194

か行

加害者プログラム　7, 20, 27, 139, 140, 141, 142, 143, 144, 145, 146, 147, 148, 149, 150, 151, 158, 166, 167, 168, 170, 190, 191, 198, 203

危険度　69, 86, 93, 101, 111, 123, 124, 126, 135

境界線　89, 90, 91, 92, 137, 178, 180, 181, 182

警告義務　86, 111

高齢者虐待　16, 74

個人に対する支援　72, 73, 74, 92, 122, 139, 150, 162, 194

子ども虐待　15, 61、69, 74, 126, 175, 198

さ行

サービス主導の支援　78, 79, 80, 195

社会資源　73, 79, 80, 82, 151, 161, 184, 194, 198

社会的抑圧　23, 25, 69, 73, 76, 122, 161, 191

守秘義務　75, 80, 81, 84, 85, 86, 152, 179, 182

女性主導の支援　3, 78, 79, 84, 90, 93, 95, 110, 115, 134, 161, 163, 164, 168, 195

心的外傷後ストレス障害→PTSD

スーパービジョン　84, 92, 94, 99, 100, 113, 174, 182, 183, 184, 185

セーフティ・プラン　86, 88, 102, 104, 111, 123, 126, 127, 130, 131, 132, 133, 134, 135, 136, 137, 144, 148, 169

セルフ・ケア　100, 181, 182

組織や社会の改善を通した支援（システム・アドボカシー）　72, 73, 83, 92, 139, 149, 176, 194

た行

地域ぐるみのDV対策　19, 139, 141, 143, 148, 149, 163, 190

通報義務　84, 85, 86, 87, 110, 111, 198

ドメスティック・アビュース・インターベンション・プロジェクト（DAIP）28, 29, 140, 147, 149, 152

トラウマ反応　50, 52, 53, 55, 56, 57, 58, 59, 62, 65, 67

な行

内的抑圧　25, 69, 76, 122

二次加害　25, 78, 90, 93, 121, 146, 150, 170

二次トラウマ　100, 163, 174, 175, 176, 177, 180, 181, 183, 184

は行

バタード・ウィメンズ・ムーブメント（BWM）17, 18, 20, 21, 22, 24, 27, 140, 189

バリア・モデル　67, 69, 70, 74, 78, 194

フラッシュバック　54, 174, 175

ら行

倫理　71, 80, 81, 86, 92, 93, 180

レイプ（性暴力）18, 22, 50, 74, 117, 174, 189

レジリエンス　3, 64, 65, 69, 163

A〜Z

CR　18, 28, 149, 150, 151, 152, 153, 158, 159, 166, 167, 168, 176, 189, 201, 203

LGBT　11, 12, ,20, 139, 151, 162, 166, ,169, 170, 178, 188

PTSD　50, 53, 54, 55, 57, 62, 64, 69, 161, 175

〈著者紹介〉
尾崎礼子（おざき・れいこ）
社会福祉学博士。北ケンタッキー大学助教授。オハイオ州ソーシャルワーカー（スーパーバイザー）免許保持。1990年代、米国オハイオ州でアジア系移民・難民対象のドメスティックバイオレンス（DV）啓発やレイプ・ホットラインなどでの活動を開始。DV加害者プログラム、DVに影響を受けた子どものプログラム、また一般のメンタルヘルス・カウンセリングなどの臨床経験に加え、各種非営利団体や刑務所などを対象とした研修や技術支援の経験を豊富に持つ。現在の調査研究、研修やコンサルテーションでは、DVなどの暴力に関する介入・予防対策、移民・難民への支援、また支援者へのトレーニングやサポートを専門としている。

改訂新版　DV被害者支援ハンドブック

2005年1月20日　第1版　第1刷
2015年1月30日　改訂新版第1刷
2017年8月30日　改訂新版第2刷

著　者　尾崎礼子

発行者　橙　牧夫

発行所　株式会社朱鷺書房
奈良県大和高田市片塩町8-10 (〒635-0085)
電話 0745(49)0510　Fax 0745(49)0511
振替 00980-1-3699

印刷所　モリモト印刷株式会社

本書を無断で複写・複製することを禁じます。
定価はカバーに表示してあります。落丁・乱丁本はお取り替え致します。
ISBN978-4-88602-653-8　C0036　© 2015 Reiko Ozaki
ホームページ　http://www.tokishobo.co.jp

好評図書のご案内●朱鷺書房

弁護士が説く DV解決マニュアル 改訂版
長谷川京子・佐藤功行・可児康則　　　　　　　　　　　本体価格　2,000円+税

2014年1月施行の3次改正後のDV防止法に対応。DVの構造と特性を踏まえ，DV防止法の活用など被害者および支援者に必要な知識を被害者支援の立場から3人の弁護士が判りやすく解説する。

子どもの虐待防止
児童虐待防止制度研究会編　　　　　　　　　　　　　　本体価格　1,600円+税

弁護士，医師，保健婦，児童相談所職員，施設職員，大学教員などさまざまな立場から，児童虐待を防ぐための方向を考える。最前線での取り組みの現状をまとめ，ネットワークづくりの大切さを提言する。

新装版　精神保健福祉士の仕事
長崎和則編　　　　　　　　　　　　　　　　　　　　　本体価格　1,600円+税

国家資格である精神保健福祉士は，専門知識にもとづいて精神に障がいをもつ人の社会復帰を支援する。どのような仕事で，どうしたらなれるのか，現場の情報を交えて，福祉系大学や専門学校の教員が詳しく解説する。

子育て支援とNPO
原田正文　　　　　　　　　　　　　　　　　　　　　　本体価格　2,300円+税

子育て支援の実践報告は多いが、まだ手探りの状態でもある。子育て支援をどう考え、どう実践するか。またその中でのNPOの役割は何か。子育て環境が大きく変わってきている今、これからの子育て支援の在り方を提言する。

改訂版　異文化論への招待
黒木雅子　　　　　　　　　　　　　　　　　　　　　　本体価格　1,800円+税

自分と違う人種・エスニシティ，性別，年齢，地域，性的指向，宗教などの「違い」と出会った時，多くの場合，拒否する，同化する，無視するという態度をとる。多文化化する時代を，社会的，歴史的につくられる「違い」の再定義を通して探る。。

弁護士相馬達雄のニュース虫眼鏡 ～裁判所の判断～
相馬達雄　　　　　　　　　　　　　　　　　　　　　　本体価格　1,800円+税

今後の訴訟社会にあって，自分の身を守るため，法律上の過誤なく生活するための智恵の提供と若干の指針を指し示す。新聞などで報道される日々の様々な事件を，法律的な視点から解説する。